JN177460

［新装版］

名銀行家（バンカー）列伝

——社会を支えた〝公器〟の系譜

北 康利

Yasutoshi Kita

——著

一般社団法人金融財政事情研究会

はじめに

イタリアの古都フィレンツェに一年間住んでいたことのある筆者にとって、銀行を意味する〝ＢＡＮＣＡ〟は懐かしい響きである。

この言葉は、中世ヨーロッパにおいて最大勢力を誇ったメディチ家をはじめとするフィレンツェ商人によって広まり、今も〝ＢＡＮＫ〟として世界の共通語となっている。

ベンチや机を意味する〝ＢＡＮＣＯ〟がその語源とされ、今でもBanco di San Giorgio（サン・ジョルジョ銀行）のような歴史の長い銀行では、誇らしげにＢＡＮＣＡではなくＢＡＮＣＯを銀行名に冠しているのは、歴史を大切にするこの国らしい。

では、わが国の〝銀行〟という呼称はいつ頃から使われ出したのだろう。

実は比較的歴史は浅く、明治五年（一八七二年）、それまでの両替商に代わり、アメリカのナショナルバンク制度に範をとった近代的銀行制度が導入されてからなのである。その基本法となる国立銀行条例の制定に尽力した渋沢栄一は、当初、バンクの訳語を〝金行〟にしようとした。〝行〟は中国語で〝店〟を意味する。

明治四年（一八七一年）の新貨条例で金本位制を採用しようとしたことから、渋沢もそれに合わせて〝金行〟にしようとしたのだろう。

ところがそれを聞いた三井の大番頭・三野村利左衛門（みのむらりざえもん）が異議を唱えた。商売上の主要通貨は江戸時代以来ずっと銀貨だったからだ。商売人としてのキャリアは、三野村の方が渋沢より一日の長がある。無視できない意見だった。

実際、新貨条例を制定したにもかかわらず、金の準備は不足しており、実質的には金銀複本位制にしかならなかった。そんなこともあって、結局〝銀行〟に落ち着くのである。

国立銀行条例制定後、明治十二年（一八七九年）に設立された第百五十三国立銀行に至るまで、全国に一五三行もの国立銀行が設立された。それぞれ独自に国立銀行券を発行していたが、明治十五年（一八八二年）の日本銀行開業に伴い国立銀行券の流通が停止され、明治三十二年（一八九九年）、国立銀行はすべて普通銀行に転換される。

現在も当時のままの行名を継承している銀行もある。第四（新潟）、十六（岐阜）、十八（長崎）、七十七（仙台）、百五（津）、百十四（高松）がそうだ。

中でも明治六年（一八七三年）に設立された第四銀行は、当時の行名を継承する銀行としては日本最古の銀行である。どうして早い時期に新潟に設立されたかと言えば、日米修好通商条約によって新潟が開港されたからだというのが歴史を感じさせる。

筆者は昭和五十九年（一九八四年）に富士銀行に入行し、九年前にみずほ証券を退職するまでの足かけ二五年を金融の世界に身を置いていた。

従来型の銀行業務だけでなく、投資銀行部門に配属されたことで、資産証券化やM&Aといった金融の最先端を経験することができた。恵まれた環境で働かせてもらったと感謝している。

だが忘れられないのは、護送船団と呼ばれ不沈艦だと思われていた銀行業界が、驚くべきスピードで凋落し、生き残りを賭けたメガバンク誕生という思いもかけない出来事を目の当たりにしたことである。苦しくも刺激的な体験だった。それは作家としての自分の原点ともなっている。

振り返ってみれば、入行時は固定金利の時代。預金をたくさん集め、たくさん貸せば、利ザヤは一定だから自然と収益が出た。おまけに不動産は右肩上がり。バランスシートや会社の将来性などさほど考慮せずとも、不動産を担保に取りさえすれば融資の決裁は下りた。銀行員が最も勉強しない時代だった。

「銀行がつぶれる時は日本がつぶれる時だよ」

誇らしげにそんな言葉を口にする先輩もいたが、銀行がバブル膨張の先兵となり、それが破裂した際には、つぶれるはずのない銀行がつぶれていった。まさに日本経済の地獄絵図を、金融機関自身が演出してしまったのだ。この世界に身を置いていたものとして、何ともやりきれない思いだった。

富士銀行に入行した際、〝銀行は公器だ〟という責任感を持って仕事をするよう繰り返し教えられた。企業が生きていく上で不可欠なマネーという名の血液を供給しているがゆえに、金融は経済の屋台骨を支えている。

ギリシャ危機などの例を見てもわかるように、危機の発火点が国家の財政赤字である場合であっても、まず問題になるのは金融機関が健全でいられるかどうかだ。血液の流れが滞れば、企業は死に、国家も死ぬ。そういう意味でも、間違いなく銀行は〝公器〟なのだ。

かつて、そうした社会的役割に矜持を持ち、この国の発展を支えようとする男たちがいた。彼らはわが国の資本主義の礎を築き、社会資本を整備し、戦後の復興を牽引し、企業再生を担い、金融の健全な発展を通して、わが国を世界の一流国に押し上げていった。

政治家ほどには彼らの名前は表に出ない。縁の下の力持ちという地味な役割であっても、それで良しとしていたがゆえに尊いのだ。

彼らの生きざまに触れることで、もう一度、銀行のあるべき姿を再確認してもらいたい。本書にはそんな思いが込められている。

〝銀行家〟とは本来、資本家を兼ねている銀行オーナーを指す言葉だが、近年では一部の地方銀行などを除いてサラリーマン経営者がほとんどだ。そういう意味では〝銀行家〟という言葉は死語に近い。しかし〝バンカー〟という言葉は依然として使われているようだ。そうした事情を了解した上で、あえて優れた銀行経営者に敬意を払い、〝銀行家〟という言葉を贈らせてもらった。

彼らの人生は、必ずや読者の心に、〝社会を支えた公器の系譜〟をくっきりと浮かび上がらせてくれるはずである。

目次

第八章 ナポレオン 松沢卓二 富士銀行

わが国近代資本主義の父

渋沢 栄一

第一国立銀行

（写真提供＝『週刊金融財政事情』）

世界に向けて発信したい〝論語と算盤〟の精神

わが国の近代化に多大な貢献を果たした渋沢栄一は、一銀行家の枠を超えた存在である。ビジネスに社会性やモラルを求め、恵まれないものに慈愛の心を示し、国に頼らず民の立場で国家を支え続けた。国際ルールやモラルを無視しながら経済成長を優先し、世界の一流国になったような顔をしている国に比べれば、この日本という国は、政治は三流でも経済はまだまだ一流だ。それは資本主義を確立するに際して、金儲け主義に走ってはならないと彼がその範を世に示し続けたからである。誇りを持って世界に紹介したい、日本を代表する偉人である。

しぶさわ・えいいち

天保11年（1840年）埼玉生まれ。明治・大正期の指導的大実業家。一橋家に仕え、慶応３年（1867年）パリ万国博覧会に出席する徳川昭武に随行し、ヨーロッパの産業、制度を見聞。明治２年（1869年）新政府に出仕し、明治４年（1871年）大蔵大丞となるが明治６年（1873年）退官して実業界に入る。第一国立銀行の総監役、頭取となったほか、王子製紙、東京瓦斯など多くの近代的企業の創立と発展に尽力した。昭和６年（1931年）没。

金融コード〝0001〟

「名銀行家（バンカー）列伝」の冒頭に登場いただくのは、近代銀行制度が始まって最初に設立された第一国立銀行の創業者にして、〝わが国近代資本主義の父〟と呼ばれた渋沢栄一である。

現在、わが国の統一金融機関コード〝0001〟はみずほ銀行である。それはかつて第一国立銀行（後の第一銀行）が〝0001〟だったからであり、日本勧業銀行との合併後は第一勧業銀行がそれを引き継ぎ、富士銀行、日本興業銀行との統合を経て、今ではみずほ銀行がこれを継承している。

銀行家という狭い範疇（はんちゅう）には入りきらない、とてつもなくスケールの大きな人物だが、わが国最初の銀行を設立したということだけでなく、銀行は本来社会においてどういう役割を果たすべきかということについて考える上からも、この人物から語り始めることにしたい。

肖像写真を見ると、同時代の大倉喜八郎、浅野総一郎、雨宮敬次郎（あめみやけいじろう）といった、商魂たくましそうな風貌（ふうぼう）をした財界人とは異なり、一見どこにでもいる市井（しせい）の人という印象を持つ。

ところがそんな外見とは異なり、人並み外れた行動力の人であり、強い意志の人であり、情の人であり、常識や国境にとらわれないスケールの大きな人物であった。

農家に生まれたが、幕臣、官吏、実業家と目まぐるしくその立場が変わっていったのは、まさに激動の時代を生きたことの証（あかし）だ。先の読めない不確実な社会を生きながらも、彼の生き方には凛（りん）とした一本の筋が通っている。それはまさに〝論語と算盤（そろばん）〟という彼の有名な言葉に込められたモラル重視の精神であった。

ここでは本来ビジネスとはどうあるべきかという大きな視点から、彼の人生を見ていくことにしたい。

両親から学んだ起業家精神と慈愛の心

渋沢栄一は天保十一年（一八四〇年）二月十三日、現在の埼玉県深谷市血洗島（ちあらいじま）（武蔵国榛沢（はんざわ）郡血洗島村）の農家に生まれた。今も立派な生家が保存されている。

父・市郎右衛門（いちろうえもん）は学問を好み、勤勉にして厳格。起業家精神に富み、養蚕と藍玉（あいだま）製造を通じて財をなし、名字帯刀（みょうじたいとう）を許される豪農となった。

彼は息子の栄一にも、早いうちから藍の葉や藍玉の仕入れを手伝わせている。

最近の研究では、江戸幕府に〝士農工商〟という身分制度が敷かれていたというのは否定されつつあるようだが、右から左へ売買して利ザヤを稼ぐ商行為は、農工業のような〝ものづくり〟よりも低く見られる傾向があったのは確かだ。その思想的背景には、商行為を〝下賤（げせん）な業（わざ）〟とする幕府の御用学問であった朱子学の影響があった。

だが渋沢は、商売は決して〝下賤な業〟などではなく、学問同様奥深く、幅広い教養と豊かな人間力なくしては大成できないことを、身をもって体験していく。

母のエイは慈愛に満ちた心優しい女性であった。公衆浴場にハンセン病の患者が入場してきた時、他の入浴客が嫌がって逃げ出す中、彼女だけはいつに変わらぬ態度で接し、一緒に入浴していた、というような逸話も残されている。

いつの世も教育は家庭に始まる。これから述べようとしている渋沢栄一の人生と業績が、つまるところ父親の勤勉さと起業家精神、母親の高い倫理観と慈愛の心に集約されるのは、子女教育の観点からも深い示唆に富んでいる。

渋沢の青春は幕末の動乱期と重なる。文久元年（一八六一年）、二十一歳の時に江戸遊学を許され、儒学を当代随一の学者・海保漁村（かいほぎょそん）に学び、剣術を〝千葉の小天狗（こてんぐ）〟として知られた北辰一刀流・千葉栄次郎に学んだ。

そんな彼は、アヘン戦争によって大国・清が欧米列強に蹂躙（じゅうりん）されているのを知り、尊皇（そんのう）

攘夷思想を抱く。そして文久三年（一八六三年）十一月、二十三歳の時、高崎城を乗っ取って武器を奪い、横浜を焼き打ちした後、長州藩と連携して攘夷を行うというクーデター計画を立てるのだ。

実行直前に同志から反対されて決起を見送ったものの、もし決起していたら、水戸藩の天狗党同様、追討軍を差し向けられて彼の人生はそこで終わっていたに違いない。

出世に運はつきものだ。明治維新を四年後に控えた元治元年（一八六四年）二月、江戸遊学時代から面識のあった一橋家家臣・平岡円四郎の推挙によって同家に仕官を果たし、人生が急展開していく。やがて一橋慶喜が十五代将軍に就任したことから、渋沢は一橋家家臣から一気に幕臣となるのである。

合本経営の伝道師として

人並み外れた才覚を見せた彼は、慶応三年（一八六七年）一月、二十七歳の時、パリ万国博覧会に将軍の名代として派遣された慶喜の弟・徳川昭武に随行し、およそ二年にわたってヨーロッパを視察して回る幸運に恵まれた。

驚いたのは、かの地では貴族は存在していたものの庶民の間にこれといった身分制度がなく、商業を通じた利潤の追求は、卑しいどころか国家の繁栄に不可欠な社会貢献であると認識されていたことだ。

ベルギー国王レオポルド二世などは謁見した際、国王自らベルギー製の鉄鋼の輸入を勧めてきた。王侯貴族も率先して国富を積み上げようと努力している。大きなカルチャー・ショックを受けた。

この頃になると尊皇攘夷思想に燃えていた若い頃とは違い、いいものは彼らから学ぼうという素直な気持ちが芽生えていた。

中でも興味をそそられたのは、企業が株式会社形態で運営されていたことである。株式を発行することで小口の資金を多くの人々から集めている。利益が出れば配当を払わねばならないが、基本的に返済不要な資金であることから経営を安定させることができる。この仕組みにはうならされた。

パリ滞在中の渋沢たちのもとに大政奉還の報(しら)せがもたらされ、明治元年(一八六八年)十一月、取るものもとりあえず帰国の途に就いた。

維新後、慶喜は駿府城のある静岡藩七〇万石に逼塞(ひっそく)させられていた。渋沢は帰国後すぐ駿府に赴き、欧州視察の報告を行ったが、結局そのままここに残り、勘定組頭を務めることになる。

この石高で旧幕臣を養えるはずもなく、藩財政は火の車である。殖産興業を目指そうにも先立つものがない。そこで彼は静岡の有力商人の協力を得て、ヨーロッパで見てきた株式会社形態（彼は〝合本（がっぽん）〟と呼んだ）でのビジネス展開を試みようとする。

こうして設立されたのが、銀行と商社の機能をあわせ持つ、日本で最初の株式会社組織〝商法会所〟だった。

請われて官吏となる

こうした行政手腕を買われ、明治二年（一八六九年）十一月、大隈重信から出仕を求められたが、幕府を倒した明治新政府に仕える気などない。即刻断ったが、そこは人たらしの大隈のこと、相手の心をつかむ点では役者が一枚上だった。

「国造り（くにづくり）のため、八百万（やおよろず）の神の一柱（ひとはしら）となってほしい！」

そんな熱い言葉で渋沢の憂国の情に訴えたのだ。徳川家に確かに恩はある。だが〝国家〟

を思う気持ちではひけはとらない。思い悩んだ末、出仕を承諾する。

大隈は特別待遇で彼を迎えた。この時、渋沢はまだ二十九歳だったが、いきなり民部省租税正（後に大蔵省管轄に変更）に任命されている。今で言えば、民間人が財務省主税局長に抜擢されたようなものだ。

そして明治四年（一八七一年）十一月からの約二年間、大蔵卿の大久保利通が岩倉使節団の一員としてアメリカや欧州諸国に派遣されると、大蔵大輔の井上馨が留守を預かることになり、副官の大蔵大丞である渋沢が実務家トップとして井上を支えた。

鉄道や道路、電信などの社会インフラ整備を急ピッチに行っていく一方で、最重要課題の一つだったのが金融機能の強化だ。

当時の金融機関は江戸時代から続く両替商であったが、産業発展のための安定的な資金供給源としては、はなはだ心もとない。そこで渋沢は近代的な銀行制度を創設するべく、国立銀行条例制定に取り組み、明治五年（一八七二年）、彼が三十二歳の時に発布される。

ところが敏腕官僚として大活躍していた矢先、政変とも言うべき事件が起こるのだ。政府内で薩長出身者があまりに権力を握りすぎていることに業を煮やした肥前藩出身の江藤新平が、長州藩出身の井上がかじ取りを任されていた大蔵省の権限を縮小しようとしたのである。

太政官正院(だじょうかんせいいん)に権力を集中し、大蔵省から予算権限まで実質的に奪おうとする江藤の行政改革に反発した井上と渋沢は、明治六年(一八七三年)五月、ともに辞表を提出して野に下った。

第一国立銀行頭取として

思いがけない形で官を辞した渋沢は、ちょうど設立準備中だった第一国立銀行の初代頭取に就任する。まだ三十五歳の若さであった。

本店は、三井が日本橋兜町に建設した〝三井組ハウス〟と呼ばれる洋風建築の中に置かれた。兜町は水利の便がよく、東京電燈が南茅場町に火力発電所(第二電燈局)を設置して安定的な電力供給を確保してくれている。当時としては最先端のビジネス拠点だ。現在の兜町と大手町の機能を合わせたようなところと考えればいいだろう。三井物産のほか、丸の内に三菱村ができるまでは、東京海上や明治生命などもここに本社を置いていた。

渋沢の活動は、まさに資本家たる〝銀行家〟のそれであった。多くの企業の設立に関与し、個人株主として、あるいは役員として、経営に直接参画していく。

第一国立銀行本店と目と鼻の先の運河沿いに、イタリアのベニスにあるような洋館の自宅兼事務所を建て、ここから通った。明治三十三年（一九〇〇年）、飛鳥山（あすかやま）に迎賓館を兼ねた大邸宅を建ててからも毎日銀行に顔を出し、次に自分の事務所で来客と面談したり各企業の役員会を開催したりする生活を続けた。

第一国立銀行の当初の収益源は公金取り扱いで、民間預金よりも政府預金が上回っていたが、その後、渋沢自らが主導して設立された日本銀行に公金取り扱いは取って代わられていく。基本的に公金は、信用力の高い政府出資の金融機関が取り扱うべきだという考えからだった。

そして明治二十九年（一八九六年）には国立銀行の普銀転換により〝国立〟の看板が外れ、第一銀行となる。当時の銀行は、融資に関しては基本的に地方公共団体や大企業向けが中心だったが、公金取り扱いに代わる新しい収益源として、商人や企業への短期貸し付けを増やしていった。

この少し前から目をつけていたのが朝鮮半島でのビジネスだ。大久保利通の支援を受けて大倉喜八郎が朝鮮進出を計画し、渋沢に資金面の支援を頼んできたのが発端だった。

明治十一年（一八七八年）には釜山（プサン）支店を開設。その二年後には砂金買い上げを目的として元山（ウォンサン）出張所を、その後、仁川（インチョン）にも出張所を開設した。

当初、朝鮮でのビジネスは思ったほど収益を生まなかったが、明治三十八年（一九〇五年）に三大特権（朝鮮国庫金取り扱い、貨幣整理事業、第一銀行券公認）を獲得できたのを機に業績は好転。明治四十年（一九〇七年）には全店純益金の四〇%あまりを計上するまでになった。ところが喜びもつかの間、朝鮮の植民地化に向けて、明治四十二年（一九〇九年）には韓国銀行への経営委譲を政府から命じられるのである。

これらを見てもわかるように、渋沢の銀行ビジネスは決して政府と癒着（ゆちゃく）して甘い汁を吸うといったものではなく、むしろ正反対で、民間でできることで国家を補完し、支え続けた。政商になろうと思えば最強の政商になり得ただろうが、彼の中のモラルがそれを許さなかったのだ。

わが国近代資本主義の父

渋沢が生涯にわたって設立ないし設立を支援した企業・団体は驚くほど多いが、それらはまさにわが国が世界の一流国の仲間入りをするために、どうしても必要とされた企業群だった。

一部を紹介すると、先述の第一国立銀行、日本銀行のほか、東京銀行集会所、大阪銀行集会所、東京海上保険、日本郵船、日本鉄道、東京地下鉄道、東京石川島造船所、鐘淵紡績、札幌麦酒、東京瓦斯、大阪瓦斯、東京電燈、帝国ホテル、東洋紡績、日本製紙、王子製紙、太平洋セメント、清水建設、澁澤倉庫など。

彼にはわかっていたのだ。フランスで感銘を受けた株式会社形態も、ただ会社を設立すると世間に向けて発表するだけでは出資者は集まらない。そこには看板が必要だということが。

〝渋沢栄一〟という名前と信用が資金を呼び、大会社の設立を容易にした。その事業の目利きとしての能力ゆえに相当な確率で事業が成功したから、次の募集の際にも出資者が手を挙げてくれた。

そもそも近代国家となるのに必要な企業に需要があるのは当然だし、まだ競合他社もいないわけだから、あとは経営ノウハウということになる。ここが踏ん張りどころだった。

多くの企業を設立していくうち、結果として渋沢財閥と呼ばれる企業群ができたが、大株主として会社を支配しようなどという考えは一切持たなかったから、経営が安定したと見るとさっさと役員から降り、次の新たな企業の設立に取り組んだ。値上がりが期待できる優良株式であっても惜しげもなく売却している。それは、株式売却はあくまで次の会社を立ち上げるための資金捻出と考えていたからだ。

以前、ご子孫にあたる渋沢健さんから、

「渋沢家には、〝投機の業または道徳上いやしむべき職につくべからず〟という家訓があるんです」

というお話をお聞きしたことがある。それほど彼は投機を嫌った。

だが同時に〝元気振興の急務〟という言葉で、リスクをとって新しい事業に挑戦することの大切さも説いている。イノベーションなしに経済の継続的発展はない。老いてなお、明治維新ならぬ〝大正維新の覚悟〟（『論語と算盤』）の必要性を説き、後進を叱咤し続けた。守勢に回るのではなく、攻め続けろと。

政治には興味を示さなかった。長州藩出身の伊藤博文や山県有朋が中心になって、井上馨を首相にしようという動きが出た時のこと。井上は固辞しながらも、渋沢が大蔵大臣に就任してくれるならと条件を出した。しかし渋沢は頑として断り、結局、井上内閣は実現することはなかった。
渋沢の尽力によって日本はその国力を増し、日清、日露という国運を賭けた大きな戦争にも勝利し、彼の生んだ企業は大きく成長していった。自分が経営の第一線にいなくても大丈夫だと感じ始めた明治四十二年（一九〇九年）、ちょうど彼が六十九歳の時、関係した大部分の会社の役員を退いた。思い入れのあった第一銀行頭取の職だけが最後まで残ったが、それも大正五年（一九一六年）には辞し、実業界から完全に引退する。

だがバイタリティの塊のような彼が隠居然とした生活など送れるはずもない。今度は社会の啓蒙活動に力を入れ始める。金儲けを卑下することはないが、一方でモラルが大切だというのが彼の信念だ。

〝利は義に反する〟というのが、幕府の御用学問とされた朱子学の教えである。それがゆえに江戸時代は〝商いは下賤な業（わざ）〟とされたわけだが、彼は孔子が「民を富まして後に教えん」と説いていることに注目し、民衆を富ますことが君子の任務であり、「利は義に反しない」と主張した。

引退の年、口述筆記で『論語と算盤』という著書を発刊している。日本経済の急速な発展の陰で、精神面が等閑（とうかん）に付され始めていることに危機感を抱き始めていたからだ。道義的に正しい道を歩まねば、一時的に富を築けたとしても永続性はない。〝論語と算盤〟という言葉は一見かけ離れたものを示すようだが、二つで一つなのだという彼の主張は〝道徳経済合一説〟と呼ばれ、自らその伝道者となっていく。

彼は『論語』を常に携帯し、講演や挨拶、祝辞などで引用しながら、正しい商道徳のあり方を説いた。

時はさかのぼるが、国立銀行が林立して銀行間調整が必要となってきた時、渋沢は業界団体の設立を提案し、明治十年（一八七七年）七月、〝択善会〟という組織を立ち上げている。後の東京銀行集会所（現在の全国銀行協会）である。

択善会の名前は論語述而第七に由来する。〈三人行えば必ずわが師あり〉という有名な言葉に続く、〈その善なるものを択んでこれに従い、その不善なるものはこれを改むる〉という一節から採った。いかにも論語通の渋沢らしいネーミングだ。

八十三歳になっていた大正十二年（一九二三年）から十四年（一九二五年）にかけて二松學舎（彼は第三代舎長）で論語の講義を行い、それを『論語講義』として出版する。九五七ページという膨大な量からも、彼の論語に対する造詣の深さと、その時の講義がいかに詳細にわたったものであったかがうかがえる。

福祉、教育、国際親善を通じた社会貢献

渋沢は、その時点で社会が最も必要としているものは何かを考え、その創設に取り組んでいった。それこそが彼の最大の社会貢献であったわけだが、同時に、社会の求めている事業が成功を約束されたビジネスであったことも事実である。銀行と社会が〝win-win〟の関係であることこそ、サステイナブル（事業継続可能）な銀行経営の基本であろう。

そして晩年になると、利潤を生まない事業にも力を入れ始める。それは福祉、教育、国際親善といった分野の活動であり、富める者の社会的責務として、官の補完を行おうとする目的からであった。

すでに早いうちから取り組んではいた。明治五年（一八七二年）に日本初の社会福祉施設である東京養育院を設立し、自ら初代院長に就任して以降、関与した非営利事業は六〇〇前後あったと言われている。

合本主義そのままに多くの人々の協力を得て、広く寄付を募ることを心がけた。自分の負担を軽くしようというのでも、資金が集まりやすいという理由だけでもない。そうすることで国民の中に広く福祉への関心が高まり、弱者への慈愛の心が醸成されると考えたからであ

る。

わが国はモラルの高い国であるにもかかわらず、他人に干渉することにもされることにも消極的なせいか、アメリカなどに比べるとボランティア活動が低調だ。渋沢の視点は今日的な問題でもある。

教育の分野では、実業界の急速な発展を支える人材を育成するため、アメリカのビジネス・スクールを範とする商法講習所（現在の一橋大学）の設立に尽力している。女子教育にも注力し、東京女学館の館長や日本女子大学校（現在の日本女子大学）の校長を務め、自らの人的ネットワークを活用した資金集めなどで経営支援を行った。

女子教育によって良妻賢母を増やし、彼自身の生い立ちのように、家庭の中で子供たちの人格形成を行おうと考えてのことであった。女性の社会進出を前提としていないという意味で、現代人から見ると古い考えのように思えるかもしれないが、子育てが重要であるのは今も昔も変わりあるまい。

加えて彼は、民間外交の必要性を世に訴えた。国家間に緊張が走った際も、民間のパイプがあれば外交が完全に閉ざされることはない。安全保障上も民間外交は大切な意味合いを持っている。

一九〇〇年代に入って、サンフランシスコのように日系移民の多かった西海岸を中心に排日運動が起こるなど、緊張の高まっていたアメリカとの関係改善には特に積極的に取り組んだ。アメリカ太平洋岸の商業会議所代表団に訪日してもらい、答礼の形をとって日本の実業団が訪米するなど、民間レベルでの交流を実現している。桜の名所として知られた飛鳥山にある彼の邸宅（現在渋沢史料館のある一帯）は、迎賓館さながらとなっていった。

だが日米間の緊張は否応なく高まっていき、ついに大正十三年（一九二四年）には排日移民法が成立する。ここで、平和に望みをつなぐべく民間人が動き始めた。

昭和二年（一九二七年）三月、親日家の米国人宣教師シドニー・ギューリックは友好親善の証として、日本のひな祭りに合わせ約一万二千体の人形を贈ってくれた。

青い眼をしたお人形は／アメリカ生まれのセルロイド／日本の港へついたとき／一杯涙をうかべてた

という歌詞で知られる童謡「青い眼の人形」（野口雨情作詞、本居長世作曲）は、まさにこの時、アメリカから贈られた人形を歌ったものなのだ。そして、それを仲介した渋沢は、返礼として市松人形五八体をアメリカに贈るのである。

冒頭で申し上げたとおり、渋沢栄一という人物は一銀行家の枠にとどまらない。だが〝公器〟である銀行のトップが目指すべき究極の姿だと言えなくもないだろう。グローバル化の進むこれからの銀行経営者は、これまで商社が担ってきたような民間外交の責務を果たすべきだ。

かつては横浜正金銀行や東京銀行の歴代頭取をはじめとして、日本興業銀行の中村金夫や黒澤洋、富士銀行の岩佐凱実（いわさよしざね）のような国際派バンカーと言われた人物がいた。だが、わが国の国際的な地位の低下とともにそうした人物の名前が挙がらなくなってきているのは残念である。

死に臨んでなお、この国の将来に思いを残しつつ

渋沢栄一は昭和六年（一九三一年）十一月十一日午前一時五十分、天寿を全うしてこの世を去った。享年九十一。

死の三日前、おおぜい見舞客が来ていると聞いて、次のような言葉を残したという。

「長いあいだお世話になりました。私は百歳までも生きて働きたいと思っておりましたが、こんどというこんどは、もう起ち上がれそうもありません。これは病気が悪いのではありません。死んだ後も私は皆さまのご事業やご健康をお守りするつもりでおりますので、どうか今後とも他人行儀にはしてくださらないようお願い申します」（渋沢雅英著『太平洋にかける橋 渋沢栄一の生涯』）

九十一歳という高齢になるまで国家にその身を捧げつくしてなお、彼は死に臨んでこの国の将来に思いを残していたのである。

彼が〝論語と算盤〟の精神に裏打ちされた高いモラルを掲げながら近代国家としての枠組みを作っていってくれたことが、この国にとってどれほど幸福なことであったか。我々は彼の功績とともに振り返るべきだろう。

まだわが国の財界人で紙幣の肖像に選ばれた人物はいない。だが、もしその日が来たとしたならば、最初に選ばれるのは渋沢栄一をおいてほかにはない。そう筆者は信じている。

銀行のことは安田に聞け！

安田　善次郎

安田銀行

（写真提供＝『週刊金融財政事情』）

史上最強の銀行王に学ぶ
克己堅忍と陰徳の精神

安田銀行（後の富士銀行、現在のみずほフィナンシャルグループ）の創業者にして、国家予算のほぼ八分の一に相当する富を築いたのが安田善次郎である。彼はその思考と行動が凡人の理解の域をはるかに超えていたため、生前は〝ケチ〟の一言で片づけられていた。そんな安田の社会に果たした役割の大きさについて振り返り、銀行の本来の責務について考えたい。

やすだ・ぜんじろう

天保９年（1838年）富山生まれ。元治元年（1864年）江戸日本橋で両替商を開業。太政官札の取り扱いなどで財をなし、明治９年（1876年）第三国立銀行、明治13年（1880年）安田銀行、明治26年（1893年）帝国海上保険（現・損保ジャパン日本興亜）、明治27年（1894年）共済生命保険（現・明治安田生命保険）をそれぞれ設立。潤沢な資金で社会資本整備に尽力したほか、不良債権処理、銀行の経営指導・再建に手腕を発揮したが、大正10年（1921年）殺害される。

すべての銀行が師と仰いだ男

渋沢栄一が役人や事業家などいろいろな顔を持っていたのに比べ、安田善次郎は生粋の銀行家である。まさにバンカーの中のバンカーであった。

彼が創業した安田銀行（後の富士銀行、現在のみずほフィナンシャルグループ）は、長きにわたって日本最大の資金量を誇り、金融界に君臨し続けた。そしてこの安田銀行を中核として、安田生命（現在の明治安田生命）、安田火災海上（現在の損保ジャパン日本興亜）、安田信託（現在のみずほ信託）などを擁する、わが国を代表する金融グループ（安田財閥、後の芙蓉グループ）が形成されていく。

彼の銀行経営ノウハウは他を圧していた。国立銀行を開業しようとする関係者が大蔵省へ行って銀行の経営手法について相談すると、しばしば、

「それは安田さんのところへ行って聞いてきてください」

と言われたという。

〈帳簿の整理法から、事務の練習、その他全ての事、皆私の所に見習いに来た。第五銀行の出来た時なども、支配人その他の人も私の所から遣った位で、その後続々各種の銀行は

出来たが、皆私の銀行を手本にせぬ銀行はなかった位(くらい)である〉

（安田善次郎著『意志の力』）

それは彼が両替商だった時代から経験と工夫によって身につけていったものだったが、それがいかに先進的なものであったかについてはいくつもの逸話が残されている。

その一つが高橋是清の回顧談である。日頃から彼は安田を尊敬するところ篤(あつ)く、富山市愛宕町にある安田の生家跡（安田記念公園）には、今も高橋是清の揮毫(きごう)した碑が立っている。

その高橋が横浜正金銀行（後の東京銀行）の副頭取をしていた明治三十一、二年頃のこと、海外で銀行の営業手法を研究して帰朝した。さっそく新知識を披露して、いつも教わってばかりいる安田の驚く顔を見てみたいと訪ねていった。

洋行帰りの人の土産話を何より楽しみにしている安田は、すぐに奥の座敷に招じ入れて彼の言葉にじっと耳を傾けていたが、話を聞き終わると少し失望した表情で、

「そういうことなら、私の銀行でも以前からやっていますよ」

と、こともなげに言ったというのだ。

あっけにとられる高橋を前に安田銀行で使っている帳簿を示し、欧米で最新と言われている営業手法と何ら変わるところはないことを説明した。

「さすが安田銀行さんはもう外国銀行の新しい理論を実践されているのですね！」

高橋が感に堪えない様子で言うと、かぶりをふって、

「いやこれは私どもで始めたもので、けっして外国銀行のまねじゃありません」

と答えたという。

当時、経営不振に陥る銀行も多く出た。そんな時、彼はしばしば再建を依頼され、銀行業界の危機を救っている。

特に有名なのが、日露戦争の真っ最中に破綻した百三十銀行の救済である。大阪を代表する大銀行だっただけに、共倒れの危険さえあった。しかし戦費調達の外債起債に当時日銀副総裁だった高橋是清が奔走している時、わが国を代表する銀行が倒産したとあってはいよいよ外貨獲得は困難になる。国のためだと意を決して引き受けた。

それだけではない。戦争が終結しても日露戦争でわが国は賠償金を手にすることができず、大量発行した国債の利払いにも事欠く事態になった。この時、彼は桂太郎首相を訪ね、

「高い金利の既発債を期前償還して、新たに低利で国債発行をされてはいかがですか？もし応募者が少なかったら私が残りを引き受けましょう」

と提案する。実際に金利が低すぎて人気がなく、相当額を安田銀行が引き受けることと

なったが、国家への貢献をこうした形で果たしたのだ。

安田善次郎は日露戦争の戦記には一切登場しない。しかし彼はこうした〝陰徳〟を積みながら、〝縁の下の力持ち〟として銀行がやるべき仕事を黙々と実践していったのである。

彼が亡くなった大正十年（一九二一年）当時の資産は二億円を超えると言われている。同年の国家予算は一五億九一〇〇万円であり、実に八分の一に相当する富を築いたことになる。

史上まれにみる成功者だったが、非凡な人間は常人には理解しがたいところがある。そのため、生前は〝ケチ〟の一言で片づけられた。自らを飾ることをしなかった彼は世間の誤解をあえて解こうとせず、そのため過小評価されているきらいがある。

父の教えを守って夢をかなえる

安田善次郎は明治維新の二九年前にあたる旧暦天保九年十月九日（新暦一八三八年十一月二十五日）、現在の富山市内の平凡な農家の家に生まれた。

父善悦は質素倹約を旨とする勤勉な性格で、こつこつ働いて金を貯め、富山藩士の株を

買って最下級ながら士籍に列した。大変厳しい人だったが、善次郎は父親の教えを忠実に守った。日頃善悦がよく口にしていた、

「慈善は陰徳をもって本とすべし、慈善をもって名誉を求むべからず」

という教えもそうである。後に善次郎が成功した時、善悦はしみじみこう語ったという。

「次の世ではとてもお前の親にはなれない。お前が親でわしが子供じゃ。それほどお前はたくさんの陰徳を施しておる」

子として親にこれほどの言葉を語らせた人物を、筆者は寡聞にして知らない。

五年間の寺子屋での学業を終えた安田は、十一歳頃から日本海に面した東岩瀬で野菜や供花の行商を始める。

お釣りを間違えた時には、わずかな額でも必ず返しに行く。売り終わると向こうで魚を買って帰り、それを富山で売りさばいた。律儀さと非凡な商才がすでに表れている。十三歳になった時、富山藩の勘定奉行が大坂商人の手代をわざわざ城下外れまで出迎える姿を目撃し、大商人になろうと一念発起する。江戸に出て玩具の行商を一年半ほど経験した後、銭両替商兼鰹節商で奉公を始める。

彼は日常の心構えからしてほかの奉公人とは違っていた。人の出入りが激しい店の土間に

履物(はきもの)が乱雑に脱ぎ捨てられているのを、誰に言われずとも仕事の合間を見てそれらをそろえた。店員の下駄でも番頭の下駄でもみな同様にそろえておく。紙屑(かみくず)や布の切れはしなどが落ちていたら、拾って屑かごに入れた。

「善事は小なりとも必ず行い、悪事は小なりとも必ず禁ずる」は彼の座右の銘の一つだが、誰も見ていないところでも、そうした〝善事〟が自然にできる人であった。

元治元年（一八六四年）、独立して日本橋人形町通り乗物町に安田屋（後の安田商店、安田銀行）を開店。両替のほか、乾物屋として海苔、鰹節、砂糖などを商い始める。

この時、心に決めたのが、収入の二割を積み立て、家を買う時は全財産の一〇分の一以上のものは買わないということ。そして彼は、一度決めたことを終生守った。その堅実さと粘り強さは比類がない。後に彼は自身の人生を振り返ってこう述べている。

〈私には何等(なんら)人に勝(すぐ)れた学問もない、才智(さいち)もない、技能もないものではあるけれども、唯(た)だ克己堅忍(こっきけんにん)の意志力を修養した一点に於(お)ては、決して人に負けないと信じて居(お)る。富山の田舎から飛び出して、一個の小僧として奉公し、商人として身を立て、今日に至るまでの六十余年の奮闘は、之(こ)れを一言(いちげん)に約(つづ)むれば克己堅忍の意志力を修養する為(た)めの努力に外(ほか)ならぬのである〉

（『意志の力』）

安田の写真を見ると若い頃は優男（やさおとこ）の雰囲気である。その鋼（はがね）のような意志の力はぎらぎらと外に出ることなく内に秘められていた。

幕府が崩壊して明治の世となると、明治新政府は〝通用十三年限〟という太政官札（だじょうかんさつ）を発行することで財政難に対応しようとした。十年で元本が返ってきて、後の三年分が金利という、今で言う利付国債だ。

両替商が引き受けてくれないと流通市場が形成されない。正貨（金貨）と両替できなければ太政官札に信用は生まれない。ところが藩札が紙屑になったことでこりている両替商は、太政官札の取り扱いにみな消極的だった。そんな中、

「私が引き受けましょう！」

と手を挙げたのが安田善次郎である。

他の両替商仲間は冷ややかだった。実際、発行と同時に太政官札は暴落。一時は額面の半分を割り込む事態に陥ってしまう。それでも安田は逃げなかった。政権が交代した以上、早晩新政府に信用が生まれるという確信があったからだ。

資産の目減りに必死に耐え、両替に応じ続けながら相場が回復する日を待った。すると彼の思惑通り、やがて太政官札の下落は止まり反転上昇する。そして安田商店は莫大な利益を

手中にするのである。

太政官札の成功で押しも押されもせぬ本両替商となった安田商店が次に目指したのが公金の取り扱いだった。金額がまとまっている上、今と違って利息を付与せずに預かるだけだからメリットは大きい。だが当時、この分野は三井、小野、島田といった有力な両替商が独占しており、そこへ新興の安田商店が割って入ることは容易ではなかった。

そこで安田はある作戦を思いつく。公的機関にとって最大のリスクは、預金先の金融機関が倒産してしまうことである。そこで彼らに安心してもらうべく、安田商店は自社の保有する公債を担保として差し入れたのだ。公債を持っているから公金が集まる。その公金でまた公債を買い、それを担保としてまたさらに公金が集まるという好循環が出来上がった。

彼はこの方法で、中央官庁や地方自治体の公金取り扱いを次々と獲得していく。かつて富士銀行は〝公金の富士〟と呼ばれ、多くの公的機関のメインバンクであったが、それは安田善次郎の先見の明を、一〇〇年を超える間享受し続けていたからにほかならない。

第三国立銀行、安田銀行、共済五百名社設立

渋沢栄一が推進した国立銀行条例と国立銀行の設立についてはすでに触れた。設立順に名前がつけられ、第一から、第二（横浜の原善三郎が設立、現在の横浜銀行に引き継がれている）、第四（そのまま存続）、第五（三井銀行に引き継がれた）、第六銀行（安田銀行傘下となる）までは順調だったのだが、第三国立銀行設立が暗礁に乗り上げてしまう。

政府としては同行を商都・大阪に置くつもりで鴻池善右衛門を中心とした大阪の豪商たちに設立認可を出し、紙幣まで刷り始めていたにもかかわらず、発起人の間で対立が生じ、設立が無期延期状態となってしまったのだ。

そのあとを引き受けようと手を挙げたのが安田善次郎だった。平安時代の文章博士（もんじょうはかせ）・三善清行（みよしきよつら）が遠祖だという家伝もあって、〝三〟と〝善〟の字に特別な思い入れがあったからだとも言われているが、実は当初、彼は無味乾燥なナンバー銀行ではなく〝東京銀行〟でいきたいと申し出たのだそうだ。だが第三国立銀行だけを例外にはできないと却下された。

川崎八右衛門（川崎財閥の祖）や松下一郎右衛門（後の東京電燈社長）にも協力してもらい、資本金二〇万円のうちの九万円強を安田商店が出資して、明治九年（一八七六年）十二

月五日、第三国立銀行は開業する。

開業当日は入口に西洋風の飾りを施し、昼食会を兼ねた記念式典を催した。お祝いは日が落ちてからも続き、夜は数十の赤いランプをともす派手な演出を試みた。

だが、浮ついたところなど安田に限ってあろうはずがない。先行していたほかの国立銀行がみな役所風で、中には〝御用〟と書かれた高張提灯を掲げているところさえあったのに、彼はそれらを模倣せず、安田商店と何ら変わらない営業スタイルとした。本来、商人はこうあるべきだという道を、自信を持って歩いたのである。

ちなみに第三国立銀行本店には、大正十二年（一九二三年）に起きた関東大震災に至るまで入口にのれんがかかっていたそうだ。この親しみやすさと堅実な商売の姿勢が同行の隆盛につながったのだ。

預金証書を丁寧に鳥の子紙（高級和紙）で作るなど工夫も重ねたので評判は上々。当時は国立銀行ごとに紙幣を発行できたわけだが、同じ価値とはいえ、〝安田善次郎〟の名前の入った第三国立銀行札はとりわけ人気だったという。事務取扱の方法、帳簿の様式から伝票の書式まで、実に整然としていてその営業ぶりは一頭地を抜いており、しばらくすると他の銀行から行員が研修で派遣されてくるようになっていった。

設立直後に関西へと進出。大阪に支店を設けて拠点とした。第三国立銀行はその後、八十二銀行（現在の八十二銀行とは別）と明治三十年（一八九七年）に合併した後、安田没後の大正十二年（一九二三年）、安田銀行に吸収合併されるまで存続することになる。

驚くべきことに、第三国立銀行開業を機に、安田は大蔵省紙幣寮（今で言う印刷局）内の簿記学校に通い始める。すでに相当の知識を持っていたわけだし、部下に習得させればいいという考え方もあったはずだ。だがこの時すでに三十八歳になっていた彼は、若者たちに混じって七ヵ月もの間通学し続け、銀行簿記を頭に叩き込んだ。新しい知識を吸収しようとする貪欲さは生涯衰えることはなかった。

第三国立銀行の設立後は、公的な仕事は第三国立銀行で、私的な仕事は安田商店でという形ですみ分けを行ってきたが、民間銀行の設立も可能となったことから、安田商店の金融業務を分離独立させる形で、明治十三年（一八八〇年）一月一日、合本(がっぽん)安田銀行を設立する。

最初の資本金は二〇万円だが、株主は安田家一門と縁故者だけ。これまでどおり、こちらには私的な金融機関の色彩を持たせるつもりだった。国立銀行は兼職が認められていなかったので、彼は第三国立銀行頭取にとどまり、安田銀行初代頭取には養子の安田卯之吉(やすだうのきち)（明治十四年に善四郎と改名）が就任することとなった。

安田商店本店（日本橋区小舟町三丁目十番地）がそのまま安田銀行本店と看板を変えただけで、行員三一名もすべて旧店員である。支店も安田商店と同じく栃木と宇都宮に置いた。お客さんにとってみれば安田商店が名前を変えたというにすぎないから、設立の日にも特別なことはしなかった。

後に安田財閥と呼ばれることになる安田グループの特徴は金融財閥だったことだ。

彼は保険事業にも早くから目をつけ、不測の事態に備えた互助会組織を作ることを考えた。不幸があった場合、その都度香典を集める代わりに、平素多勢が集まって金を積み立て、仲間から死亡者が出た時、その金の中からまとまった香典を出そうというのである。

会員が五〇〇名集まったことから共済五百名社と名づけられたこの組織は、明治十三年（一八八〇年）一月に設立され、翌二月十五日、浅草の東本願寺において最初の社員総会が開催された。第一号契約者は、あの江戸城無血開城を成功させた旧幕臣・山岡鉄舟であったという。この共済五百名社が、後の共済生命保険株式会社、ひいては安田生命保険、そして現在の明治安田生命保険へとつながっていくのである。

共済五百名社開業の翌明治十四年（一八八一年）七月九日、明治生命が福沢諭吉の肝いりで設立されており、保険数理を用いた近代的な生命保険の形態としては、むしろ明治生命が第一号である。今では仲良く統合して明治安田生命保険となっているから、どちらが日本最古の生命保険会社かという議論はあまりされなくなっている。予期せざる統合効果と言えるだろう。

実は安田は共済五百名社を設立する際、相互会社方式や保険数理に基づく保険料率算定の方法についてもすでにある程度の知識は持っていた。だが先進的なものがすぐに世間に受け入れられるとは限らない。彼は実務家の目から見て、まずは互助会方式だと判断したのである。

日本銀行設立

国立銀行の数が増え、その規模も拡大するに従って、早く中央銀行を設立してほしいという声が強まってきた。銀行は規模が大きくなるに従って支払準備金を用意するのが困難になっていく。必要な時に必要なだけ資金を調達するためにも、公債を担保とする融資や手形割引をしてもらえる中央銀行の存在が不可欠となっていた。そのうち経営破綻する国立銀行も出てきて焦眉の問題となっていく。

この時、大蔵卿の松方正義が渋沢栄一と並んで頼りにしたのが安田であった。政府は当初、欧米の中央銀行制度をそのまま導入しようとしたが、彼は日本の風土に合ったものにしないと円滑な運営は望めないと主張。松方はその意見を取り入れ、ベルギー中央銀行の組織を範としながらも、両替商の伝統の良い部分を引き継ぐ折衷方式で日本銀行を設立することが決まった。

明治十五年（一八八二年）六月二十七日、民間からは安田のほか、三井の大番頭である三野村利左衛門（みのむらりざえもん）が日本銀行創立事務御用掛に任命され、十月十日に開業にこぎつける。創立事務御用掛任命からわずか三ヵ月ほどでの設立ということが、国立銀行制度の存続に対する政府関係者の危機感を物語っている。

安田は三野村とともに理事に就任することとなった。この時、彼は日銀での仕事は自分の事業との間で利益相反が起きるとして、第三国立銀行頭取を辞任している。日銀立ち上げという公職に全力を傾けたのだ。日銀では安田は何と割引、株式、計算の三局長を兼ねることとなった。

彼は営業担当役員という位置づけでもあったから、日銀融資の方針を決める個別具体的な案件の決裁も行わねばならない。松方財政は強烈な緊縮財政であったから、その中でのかじ取りは相当困難なものだったと想像するが、日本鉄道会社（現在のＪＲ東北本線、高崎線の経営を行った日本最初の私鉄）、共同運輸会社（現在の商船三井）などへの長期融資を行っている。殖産興業のためには国内外の輸送ルートの確保が先決だという彼の意図が伝わってくる。

加えて当時、日銀の独立性は担保されておらず、政府と二人三脚での運営であったために、安田はしばしば政府高官に運営方針を説明する必要に迫られた。これが実に大変なのだ。

大蔵卿の松方を除けば、彼らは経済の知識が皆無に等しい。〝兌換券〟の説明にも四苦八苦し、〝為替〟に至っては、本質を議論せずに〝為り替わる〟というのは不吉だから呼び名を変えろと的外れなことを言われる始末。前途多難であることにため息をつく毎日だった。

安田の提案によって、日本銀行では公金取り扱いを各地の民間銀行に代理させることとなった。今に続く日銀代理店制度である。第一銀行同様、公金取り扱いが収益源だった安田商店や第三銀行にとって、これは大変なダメージだったはずだが、国家百年の計を考え、あえて私情を捨てた。この件に関し大蔵省が発する布告文の草案まで彼自身が書いたというから徹底している。

そして政府は国立銀行兌換券を廃止し、紙幣の発行権限を日本銀行に集めようと考える。国立銀行がてんでんばらばらに独自の紙幣を発行し、それらの間に微妙な信用度の格差が生じている現状を問題視していたのだ。

だが政府は国立銀行設立に際し、二〇年という期間を設けて兌換券発行の権限を与え、銀行設立を奨励していた。これを数年で反故にするのは明らかな約束違反だ。

「これは金融関係の有力者を説得し、その人物から同業者に納得してもらうしかない」

松方大蔵卿は最初に第一銀行頭取である渋沢栄一に相談を持ちかけた。渋沢はこの処置をやむをえないものだと納得し、松方の意をくんで安田のところへと説明に出かける。

(間違いなくへそを曲げるだろう……)

渋沢は覚悟していたが、案に相違して安田はあっさり賛意を示した。彼もまた、渋沢同様、国益を優先する気持ちを持っていたのだ。日本銀行の業務が円滑に動き始めるのを見届けた上で常勤理事を退いたが、安田が残した足跡は実に大きなものがあった。

事業は人である

融資を焦げ付かさないようにすることが銀行経営の要諦（ようてい）である。それは今も当時も変わらない。私情に左右されず玉石混淆（こんこう）の中から筋のいい案件を見出す眼力こそ安田善次郎の強さの秘密だったわけだが、彼ほどの眼力の持ち主であっても何度も不良債権をつかまされている。慎重の上にも慎重になるのは当然のことだった。

個人融資を控え、生産活動を行う事業家に融資することを徹底した。安田銀行や第三銀行はその当初、今で言うホールセール銀行だったのである。

それでも焦げ付きをなくすことは不可能だ。問題は、リスクとリターンの比較を勘案しながら、焦げ付くリスクをできる限り低く抑えていくこと。言うは易く行うは難い。そんな中で彼のたどりついた結論は、〝事業は人である〟というものであった。

彼は次のように語っている。

〈私の六十年来の経験を以（もっ）てしても、確固不動の決心と千挫不撓（せんざふとう）の堅志（けんし）とを以て事に当たる人物の精神ほど確実な信用はない。この人物が一度断固たる決心を以て、『ハイ宜（よろ）しい承知しました』といえば、この一言は如何（いか）なる証文よりも、如何なる担保よりも、遥（はる）かに

安心が出来るのであって、一諾千金の重みありとは真にこの種の人物の決心に於て初めて見ることが出来る〉

（『意志の力』）

一例を挙げよう。

安田が大阪港築港への融資を検討した際、大阪府知事だったのが西村捨三である。彦根藩作事奉行（土木建設事業の責任者）の家に生まれた西村は、内務省土木局長からの知事起用であった。

立派な人物だったことに加え、公共工事に対する造詣の深さを信頼し、支援を約束する。西村知事も期待に応え、自ら大阪築港事務所長に就任して事業に取りかかった。

ところがしばらくして第一次松方内閣の農商務次官に抜擢される。それでも彼は、

「この事業は自分の責任で行うと安田さんと約束したから違約はできない」

と、律儀にもこのプロジェクトに関与し続け、そのおかげで工事は着々と進行していった。

だが残念なことに、その後西村は病を得てしまう。安田は病床に彼を見舞ったが、薬石効なく大阪港の完成を見ずにこの世を去ってしまうのだ。

後任の大阪府知事たちには彼ほどの思い入れがなく、とたんに工事が滞り始めた。工事と

いうものは、遅くなると費用もかさむ。何とか完工したものの、事業の成否は一にも二にもその経営人物のいかんにあるという思いを新たにした出来事であった。

人とのつながりは〝縁〟として残る。富士銀行が関東系の銀行であったにもかかわらず大阪府のメインバンクの一角を占め続けたのは、まさに安田と西村が心を一つにして大阪港築港という大事業に取り組んだ歴史の所産だったのである。

血の通った銀行員たれ

経営者は時として非情にならねばならない。聖人君子のような慈悲の心だけで経営はできない。銀行員で言えば、融資などを〝断る力〟が試される。だが冷たいだけの人間に優れた銀行員などいない。温かい人間味を持ち、断る時にも相手と痛みを分かち合えるような人格でなければ信用は生まれないことを肝に銘じるべきだ。

厳しい取り立てを進言した行員に対し、

「そんな残酷なことはするものではない」

そう安田が諭(さと)している場面に遭遇したことがあると、矢野恒太(やのつねた)（第一生命創立者）は述懐しているが、これに限らず、彼の情の深さを示すエピソードには事欠かない。

明治二十五年（一八九二年）のこと、かねて親交のあった武井守正鳥取県知事から同県の第八十二国立銀行の救済話が持ち込まれた。取り付け騒ぎが起きて混乱していた鳥取の街は、安田が来るという噂が広まるとにわかに活気づき、着いて最初の晩、早くも彼を訪ねてきた人があった。

銀行関係者だろうと思って会ってみたら、幼い女の子の手を引いた七十すぎの老婆である。連れてきた孫娘の両親が相次いで他界して二人暮らしだという。この上、預金がなくなればどうして暮らしていいかわからないと苦しい胸の内を訴えにきたのだ。

じっと彼女の話に耳を傾けていた安田は、

「私が何とかいたしましょう」

と思わず口にしてしまった。

翌日から調査を開始したが、思った以上にひどい。だが話を断れば老婆との約束を破ってしまう。意を決して救済に踏み切った。

いわば信義を重んじて利を捨てたわけだが、経営というものは、彼の行動を手放しで美談とするほど甘い世界ではない。しかし矛盾することを言うようだが、安田善次郎という人間がこうした深い〝情〟を持っていたからこそ、銀行家である前に一個の人間として大成できたのだ。

以前、安田のご子孫にあたる安田弘さん（安田不動産顧問）から興味深い話をおうかがいした。安田善次郎と渋沢栄一は比較して取り上げられることがよくあるが、渋沢が〝論語と算盤〟という言葉に象徴されるように儒教思想をベースにしているのに対し、安田は仏教思想をベースにしているというのだ。

確かに安田は大変信仰心が篤かった。常日頃から、朝夕仏前で礼拝を行い、数珠を日常的に持ち、旅に出る時は必ず二寸足らずの金色の如来像を荷物の中にしのばせていたという。全国を旅しながらも、その土地の神社仏閣はできる限り参詣するよう心がけ、路傍の草生したお地蔵さんであっても見つけたら必ずその前で手を合わせた。

信仰の篤い人間は、心優しく謙虚になる。そうした気持ちは社員に対する接し方にも表れた。

安田銀行の行員に山中清兵衛という人がいた。安田商店の頃から働いていた丁稚上がりである。ある時、鳥取への出張を命じられた彼は、帰京してすぐその足で報告に行った。

ちょうど夕食時で、女中は二つの膳を運んできたが、それを見た安田は、

「せっかくだから取り膳にしてもらえばよかった……」

とつぶやくように言ったという。現代人には何のことやらわからないかもしれないが、〝取り膳〟とは同じ膳を二人で囲むことを意味する。それは対等の人間を遇する作法なのだ。主人と店員の間に天地ほどの差があった当時としては考えられないことである。

（この人のためなら生命を捧げてもいい！）

この時そう思ったと、山中は後日、人に語っている（芳川赳著『勤倹力行　安田善次郎』）。

銀行家なら大きな夢を持て

安田は晩年、いくつもの夢を持っていた。

一つが個人預金の拡大である。当時の預金の多くは公金や大企業からの預かり金である。そもそも個人には、銀行に金を預けるという習慣が定着していなかった。彼は安田銀行の支店網を充実させて小口預金を幅広く集め、預金残高を飛躍的に増大させることを夢見ていた。

それを東京市債などの信用度の高い公共債で運用することで市中消化を助け、社会資本の充実に充てようという構想である。

当時、東京市長の後藤新平は東京という都市の抜本的近代化を構想していた。これに共感した安田は、膨大な予算を必要とするこの都市計画に対応するべく準備を進めていたのである。

もう一つの夢が、東京―大阪間を結ぶ高速電気鉄道敷設計画であった。

渋谷を起点として、大阪の野田に至る全長四六〇キロを六時間で結ぼうとした。東海道線の新橋―神戸間が急行を部分的に使って一六時間半、直通で二〇時間という時代だから、いかに途方もない計画だったかわかるだろう。

ところが明治四十年（一九〇七年）、申請は却下される。鉄道院がドル箱である東海道線への影響を心配して横やりを入れたためであった。安田の夢がかなうのは実に半世紀後、昭和三十九年（一九六四年）十月一日の東海道新幹線開通を待たねばならなかった。

彼はもう一つ大きな夢を持っていた。百歳以上生きることである。

大正十年（一九二一年）の春、八十三歳になっていた安田は、関係会社の社員を集め、

「昔から〈お前百まで、わしゃ九十九まで〉と言い、百をもって人生の極度なるごとく思うのは大いなる心得ちがいである。人は養生しだいで優に百歳以上に達し得るべきもので、

私はこれから若返って、ますます事業を発展せしむる志である」

と訓示したという。

盟友であった浅野総一郎にこんな歌も贈っている。

――五十、六十鼻たれ小僧、男盛りは八、九十

ところが安田善次郎は、百歳はもとより、八、九十の男盛りも十分には楽しむことができなかった。この年の九月二十八日、朝日平吾という国粋主義者の手で暗殺されてしまうからである。

資本主義の進展による都市部への人口流入と地方の疲弊、それに伴う貧富の格差拡大が社会問題化し、庶民の怒りの矛先は富める者へと向かっていた。米騒動など各地で暴動の起きる中、朝日は安田善次郎を暗殺することでヒーローになろうとしたのだ。

この直後、原敬首相も中岡艮一（なかおかこんいち）という青年の手によって暗殺されている。安田の死は、皮肉にもテロリズムの時代に入るきっかけとなってしまうのである。

社会への貢献も、その素顔も知られないまま、民衆の敵として葬られた安田善次郎はさぞや無念であったろう。だが間違いなく、彼はわが国の金融史上に輝く、尊敬すべき先達の一人だったのである。

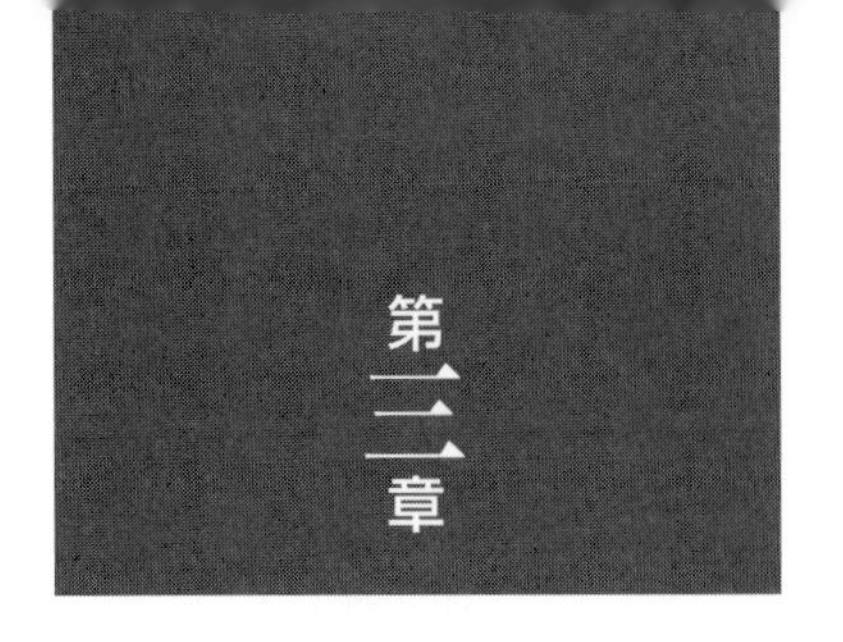

三井中興の祖

中上川 彦次郎

三井銀行

（写真提供＝三井文庫）

銀行界の青年期を思わせる
爽やかでダイナミックな名バンカー

福沢諭吉が溺愛し、今とは比較にならないほど高額だった留学費用を出してイギリスに学ばせたのが、彼の甥・中上川彦次郎である。期待にたがわぬ逸材に成長し、官界で活躍した後、時事新報社と山陽鉄道の社長を歴任。特筆すべきは三井銀行の経営トップとしてのあざやかな経営手腕である。不良債権を一掃して工業化路線を明確にし、あわや倒産の危機を救うと、一気に隆盛へと持っていった。〝福沢山脈〟と呼ばれる慶應義塾出身の大物たちも、その多くは中上川の抜擢があったからこそ世に出ることができたのだ。〝三井中興の祖〟と呼ばれる、スケールの大きなその人物像に迫る。

なかみがわ・ひこじろう

嘉永７年（1854年）大分生まれ。明治２年（1869年）福沢邸に寄寓し、慶應義塾に入学。中津で教員として勤めた後、明治７年（1874年）渡英。帰国後、慶應義塾で教鞭をとる。明治11年（1878年）井上馨に抜擢されて工部省御用掛となる。明治15年（1882年）『時事新報』社長に就任。明治20年（1887年）山陽鉄道会社創立、社長に就任。明治24年（1891年）三井銀行に入行し、三井大元方参事（その後副長）を務めた。明治34年（1901年）没。

銀行業界の二人の恩人

〝三井中興の祖〟にして現在の三井グループの基礎を築いたのが中上川彦次郎（なかみがわひこじろう）である。

彼に関連して、この『名銀行家（バンカー）列伝』に一章を設けたいほど銀行業界に尽くした人物が二人登場する。彼らについてまずご紹介しておきたい。

一人は中上川の叔父にあたり、〝福沢なくして中上川なし〟と言われるほどの全人格的影響を与えた福沢諭吉である。

あまり知られてはいないが、福沢という人は思想界、教育界のみならず、実業界においても渋沢栄一と比肩できるほどの足跡を残している。

わが国最初の生命保険会社（後の明治生命）、損害保険会社（後の東京海上）、最初の近代的書店にして総合商社（後の丸善）のほか、外国為替専門銀行（後の東京銀行、現在の三菱東京ＵＦＪ銀行）などは、彼の構想に端を発し、彼の門下生たちが集い、彼の出資や協力のもとに設立された企業なのだ。

そしてもう一人が、国立銀行ではなく、民間銀行としての三井銀行設立に執念を燃やした三井家の大番頭・三野村利左衛門（みのむらりざえもん）である。

三野村は庄内藩士の家に生まれたが、父親が浪人してともに諸国を放浪し、職を転々としながらも蓄財に才を発揮して両替商を営むまでになる。一時、幕府旗本の小栗家の中間（ちゅうげん）をやっていた縁から、勘定奉行や外国奉行等を歴任した小栗忠順（おぐりただまさ）と深い関係を築き、小栗から天保小判一両を万延小判三両一歩二朱に吹き替えるという情報を事前に入手すると、天保小判を大量に買い占めて巨利を得た。

その小栗家とのパイプと商才を見込んで三井家にスカウトされたが、すぐに小栗は失脚してしまう。だが三野村はやがて薩長の世になることを確信し、三井家に官軍へ資金供与するよう指導するのである。多くの豪商が消えていく中、三井家が維新後まで生き残ったのは、三野村の時流をかぎわける天才的嗅覚のおかげだった。

維新後、彼は三井家の番頭になる。実際の経営は有能な番頭に任せるのが通例だったから、三井家の実質的指導者となったわけだ。

名家の出でもなく、学問を積んだわけでもなく、ただその才覚だけでここまでの出世をした彼は、ひらがなしか読めず、字が書けなかったと言われており、しばしば自分の考えを図を用いて説明した。

三井家は天和三年（一六八三年）、江戸駿河（するが）町に両替商として創業している老舗（しにせ）だけに金融業にかける思いは強い。

〝バンク〟を日本語に訳すにあたり、渋沢栄一が〝金行〟にしようと提案したのを、

「商取引は銀貨が中心ですよ」

と言って〝銀行〟としたのがこの三野村だったことは、すでに本書の冒頭で述べた。

その国立銀行制度が始まる時も、小野組とともに第一国立銀行を設立し、いの一番に手を挙げた。その後、小野組が破綻してしまったのをもっけの幸いと、第一国立銀行を〝三井の銀行〟とすることを企図する。

だがここで思わぬことが起こった。国立銀行条例が制定される際、官の側にいたはずの渋沢が政変に敗れて下野し、第一国立銀行の頭取に就任したのだ。彼が独自色を打ち出していったために、三井組は第一国立銀行の運営から手を引くこととなる。

それでも銀行設立をあきらめず、明治九年（一八七六年）八月、国立銀行以外に民間銀行の設立が認められるようになると、三野村は他に先駆けて悲願の〝三井銀行〟を設立する。

中上川が活躍した三井銀行は、まさに三野村と三井組の金融業に対する深い思い入れが練りこまれた銀行だったのである。

福沢なくして中上川なし

中上川彦次郎は嘉永七年（一八五四年）八月十三日、中津藩の下級武士・中上川才蔵と福沢諭吉の二番目の姉・婉の長男として、現在の大分県中津市金谷森ノ丁で生まれた。

十二歳頃から手島物斎の漢学塾に通い秀才ぶりを発揮したが、下級武士に厳しい中津藩は彼の江戸遊学の願いを聞き届けてくれず、代わりに藩校進脩館で教えることとなった。

そして維新後の明治二年（一八六九年）、慶應義塾への入学がかなう。一ヵ月ほど早く入塾していた門野幾之進（千代田生命創立者）によると、〝見るからに田舎者然たる、しごくやせ型な少年〟だったというが、二、三年もすると身長は一七〇センチを超え、握力が七、八〇キロもある筋骨隆々たる青年に成長した。

入塾して間もなく、

「この忙しい世の中に、会読などといって一週間に二、三ページずつ学ぶといった悠長な勉強をしていては進歩がない。先生の講義を聞く形式に改めるべきだ」

と、伝統的な学習法に疑義を呈した。先例にとらわれず、自らの頭で考えて合理的に行動するのが中上川の特長だ。結局、会読はしばらくして廃止された。

学問を積んだところで故郷の中津市学校に教師として派遣され、愛媛宇和島の洋学校、慶應義塾でも教鞭(きょうべん)をとった後、明治七年(一八七四年)、イギリスに留学することとなった。留学費用は福沢が全額出したというから、その溺愛ぶりがうかがえる。

ロンドン滞在中、もう一つの大事な出会いがあった。伊藤博文の盟友で、長州藩の重鎮である井上馨の知遇を得たのだ。帰国後、井上が参議兼工部卿に就任すると工部省に呼ばれ、外務卿に転じると今度は外務省公信局長に抜擢される。まだ二十六歳という若さであった。

だが役人生活は長くは続かない。政権内で力を持っていた肥前藩出身の大隈重信と福沢諭吉は大変親しい関係にあったが、〝明治十四年の政変〟により大隈がその地位を追われると、福沢門下生も政府内から一掃されたからだ。井上と親しかった中上川は辞職する必要などなかったのだが、自分だけ残るのを潔しとせず、外務省を退官する。

人一倍負けん気の強い中上川は、野に下っても政府にモノ申していこうと、自分が社長となり福沢を論説主幹にして、翌明治十五年(一八八二年)、『時事新報』を創刊する。これこそが彼の実業家としての第一歩だった。

福沢門下の俊秀も待ってましたとばかりに集まってきた。創刊号は一五〇〇部刷ったが、発売前に一四二〇部の予約が集まっていたという。いきなり福沢が過激な藩閥批判を展開して発行停止処分を食らったりもしたが、中上川の経営手腕がさえわたった。

新聞紙をピンク色にしたり、一口投書、見開き特集を設けるといった斬新な紙面作りに加え、時代を先取りしていたのが、広告収入で経営を安定させる手法である。積極的に外に出て取材させ、外国のニュースも掲載した。

こうした努力が実り、『時事新報』は短時日のうちに五千余部を売り上げるまでに躍進。経営が軌道に乗ると、中上川は次の活躍の場を探し始める。

山陽鉄道会社初代社長

そんな時、設立されたばかりの山陽鉄道会社（現在のJR西日本山陽本線）社長就任の話が、慶應出身で三菱の大幹部だった荘田平五郎（しょうだへいごろう）からもたらされた。荘田は三菱を代表して、この会社の設立発起人に名を連ねていたのだ。地方活性化を促すため、鉄道会社の経営に協力を惜しまなかった福沢は、中上川のこの転職に賛成してくれた。

大阪と博多を結ぶ計画で、工事は藤田伝三郎（ふじたでんざぶろう）率いる藤田組が担当している。荘田同様、設立発起人の一人でもあった藤田は、中上川以外の社長候補を考えていたが、井上馨の口添えもあって無事社長就任が決まる。明治二十年（一八八七年）、まだ三十四歳の若さであった。

彼は早速海外から関係する専門書を取り寄せると、片っ端から目を通した。そののめり込み方は、山陽鉄道時代に生まれた子供に〝鉄四郎（四男）、道（次女）〟という名をつけていることでもわかる。設計にも意見し、この本にはこう書いてあると指摘する、技術者泣かせの社長だった。

「中上川という人は、一旦決めたらテコでも動かない。だからあの人の下に使われておる者は非常に楽です。世の中には計画を立ててやっておるうちに、悪口を言われるとグラグラする人が多いが、あの人には絶対にそれがない」

とは、後に娘婿となった池田成彬（いけだせいひん）の言である。

広軌（こうき）のレールを採用し、勾配（こうばい）にも注文をつけた。技師たちは勾配四〇分の一を主張したが、中上川は反対する。瀬戸内海航路の船舶より速くないと競争に勝てないという現実的な計算がそこにはあった。カーブを減らし、平地を直線的に走らせれば速度が出るし、燃費もよくなる。

東海道線の勾配は一〇〇分の二・五であったが、

「一〇〇分の一以内にせよ！」

と厳命したことから、〝ワン・ハンドレッド〟というあだ名がついた。

　停車場や操車場にも広い用地を確保し、ドル箱と考えていた神戸―姫路間は複線を前提に用地買収するなど、長期的視点に立った経営を行った。車両・器材等は一流品を選んだが、一括購入することで安くした。当時は鉄道局（後の国鉄）経由で購入し、鉄道局の官僚がマージンをとるという悪い慣習があったが、中上川はそれを許さなかったため、鉄道局の役人には評判が悪かった。

　上には尊大だが下には優しい。巡視に際し敬礼する社員がいると、必ず脱帽して答礼した。福沢譲りの平等を愛する精神で、社員を書記・技士・雇員と大まかにしか分けず、職名に階級格差をあまり出させないようにした。

　明確な命令を出し、社内のモラルを上げた結果、工事は急ピッチで進み、神戸―尾道間を二年半で完工させる。

　ところが不運にも明治二十三年（一八九〇年）の恐慌の影響で会社は経営不振に陥ってしまうのだ。目先の高配当を期待していた株主から不満の声が出始め、中上川の社長排斥運動に発展していく。長期的視野に立った経営方針がわかってもらえない。苦悩は深く、そろそろ辞める潮時かと思い始めた。

井上馨と久々に東海道線の中で会ったのは、ちょうどそんな時のことである。井上も悩みを抱えていた。首相の山県有朋から経営不振にあえぐ三井銀行を何とかするよう言われていたのだ。

「もし君ほどの人物が二人いれば、一人は三井銀行に迎えて立て直しをしてほしいものだが……」

井上はそう言って秋波（しゅうは）を送った。これをきっかけとして、中上川は三井銀行入りを真剣に考え始める。

火中の栗を拾う覚悟の三井銀行入り

中上川を悩ませた明治二十三年の恐慌の影響を三井銀行もまた受けており、貸付金の三分の一が不良債権化するという惨状にあったが、誰もがさじを投げているからこそ取り組みがいがあるとも思えた。

福沢に手紙で相談すると、三井入りするようわざわざ電報で返事があったが、その後送られてきた手紙の中に、三井物産を率いている益田孝にはくれぐれも気をつけるようにとの注意書きがあった。果たして福沢の危惧したとおり、後になって益田との間に深い確執が生まれる。福沢諭吉という人物の、先を読む力の確かさを思わずにはいられない。

明治二十四年（一八九一年）八月十二日、三井銀行に入った中上川は、三井鉱山と三井物産の理事、三井呉服店調査員を兼務し、三井大元方参事に就任する。〝三井大元方〟とは、三井グループ全体を統括するために作られた組織であり、三井銀行の立て直しをしながらグループ全体の組織の見直しをも行っていくことになる。

三井銀行に入って半年ほどは、理事に据え置かれ試用期間とされた。そうする間にも事態は悪化していく一方だ。京都支店で取り付け騒ぎが起こり、日銀特融でどうにか命脈を保つという状況に陥っていく。

しびれを切らした中上川は、

「私を副長（実質的な頭取）にしないのなら暇をください！」

と三井銀行総長（三井家による名誉職）の三井高保に直訴し、二人いた副長を退任させて、中上川専制体制が整った。

中上川副長は、まず焦げ付いた貸付金の整理から着手する。有名なのが東本願寺との交渉だ。無担保のままずるずると融資し、融資額が一〇〇万円ほど（現在価値にして約五〇億円）

になっていた貸付金回収は三井にとって頭の痛い問題だった。

中上川は、東本願寺の飛地境内地である渉成園（枳殻邸庭園）を担保に入れるよう求め、一年以内に返済がなければこれを差し押さえると通告した。寺側が難色を示すと、

「時と場合によってはご本尊の阿弥陀如来を差し押さえるかもしれません」

と言い放った。たまりかねた東本願寺は全国の門徒に寄付を依頼。あっという間に一八〇万円の喜捨が集まった。この金で借金が返済できただけでなく本堂の屋根の葺き替えまでできたため、

「仏敵中上川は地獄行きと思っていましたが、意外な功徳を積めましたから極楽に入れそうですな」

と冗談口を叩いた。まさに〝明治の信長〟といった面目である。

政府要人との不透明な関係も一掃しようとする。自分を推挙してくれた井上馨の関係であろうと容赦しない。

井上と同じ長州閥で第三師団長だった桂太郎（後の首相）の弟・次郎が兄の権威を借りて借金を返さなかった時には、中上川自身が桂太郎に談判し、麻布高樹町の桂邸を売って返済させている。

伊藤博文が京都の祇園でどんちゃん騒ぎをやった時、滞在費用が足りなくなったため千円ほど用立ててほしいと、秘書官が三井銀行京都支店に頼みにきたことがあった。盟友である井上馨の息がかかった銀行でもあり、すんなり貸してくれると思っていたのだが、日頃中上川から厳しく営業方針を叩きこまれていた京都支店長は、何と初代総理大臣の伊藤に対しても行内規定に準拠して担保を要求する。後日、井上はあまりにひどいと抗議してきた。

政治家との癒着（ゆちゃく）が公金取り扱いで生じたことを見抜いた中上川は、その返上を行う。地方の支店は公金取り扱いが主な業務だったから、次々に閉鎖されていった。その代わり、勃興期にあった大企業向け融資に注力し、その一方で支店の営業管理を徹底した。

東京、名古屋、大阪の三店を母店として各地の支店を統括させ、最終的には東京本店に権限が集まるようにした。これまでは支配人（支店長）の自由裁量の部分が大きかったのだが、各支店の貸出限度額も決めた。

元三井物産パリ支店長の岩下清周（きよちか）を採用して大阪支店長に据え、現在のプロジェクトファイナンスのような大規模案件融資を手掛けさせたりもしたが、彼が貸出限度額を守らなかったことから左遷を命じ、これに不満だった岩下は三井を去った。極めて優秀な人材だったが、規律違反を見過ごすわけにはいかなかったのだ。

短期貸出の金利を低くし、長期貸出の金利を高くしたことも中上川の銀行家としてのセンスの賜物だ。融資期間が長くなって貸出リスクが高くなるのに応じて金利を上げるというのは、今では当たり前のことだが、当時ではまだ珍しかった。

〝厘〟単位の廃止も彼の功績だ。十厘で一銭だったが、この単位を廃止して、預金は銭単位に切り上げた（貸金利息は切り下げ）。わずかに損が出るが、大幅に事務コストは削減できる。他行に呼びかけたが時期尚早とされ、三井銀行が率先して実施。結局、他行もすぐに追随した。

不良債権処理をグループ構築のチャンスに変えて

中上川改革の最大の目玉は若手気鋭の人材を採用し、育成したことである。慶應出身者が多かったが、ほとんどは新聞記者や書生上がりだった。

ほんの一例を挙げれば、武藤山治（鐘淵紡績中興の祖）、藤原銀次郎（王子製紙社長、〝製紙王〟と呼ばれた）、藤山雷太（大日本製糖など藤山コンツェルンを築いた）、波多野承五郎（『時事新報』主筆、『朝野新聞』社長）、日比翁助（三越創業の功労者）、池田成彬（後の大蔵大臣、枢密顧問官）など。

従来の商人が手代や丁稚に対したのと決定的に違ったのは、彼らの人格を認め、個性を引き出し、その功績に対して十分な処遇をしたことである。一方で懲罰規定も定め、信賞必罰とした。

藤山を本店抵当係長、藤原を大津支店次席、波多野を調査部長、池田を足利支店長にと、まずは銀行内において薫陶を授け、その後、融資先の経営不振会社へと送り込んだ。

王子製紙に藤山雷太を送り込んだのがいい例だ。

明治二十五年（一八九二年）、経営不振に陥った王子製紙は、社長の渋沢栄一から中上川のところへ増資による経営支援依頼が来ていた。中上川は増資に応じる条件として、三井から役員を送り込むことを主張。ここで渋沢のほうから藤山雷太が指名される。

中上川は出向前の藤山に、

「君が専務になるのは、王子を三井が取りにいくということだから、ゆめゆめ彼らに懐柔されるようなことのないように。あの会社を三井の製紙会社たらしめるのだ」

と因果を含めている。立て直しと言いながら、中上川はこれらの企業を三井の傘下に収めていくことを企図していたのだ。

再建は難航をきわめ、明治三十一年（一八九八年）には藤山と大川平三郎（王子製紙の技術長）が正面衝突し、大ストライキへと発展する。この時藤山は、社内で圧倒的な人気を誇った大川と、王子製紙の創設者でもある渋沢に引退を迫り、これを実現させた。こうした強引な手法が取れたのは、バックに中上川が控えていたからである。藤山は後に大日本製糖を発展させ、〝東洋の砂糖王〟と言われるまでになる。

また中上川は明治二十七年（一八九四年）、武藤山治を鐘淵紡績の兵庫分工場支配人として送り込んだ。日清戦争当時、綿紡績は日本の工業の最大勢力。まさに工業化路線の本丸である。

武藤は中上川の教えを守り、職工の優遇が経営改善の最善策だと考え高給にした。優秀な人材が集まり、他社の危機感は高まる。大阪の業者は中央綿糸紡績業同盟会を作り、綿花商に対して鐘紡に一切綿花を売るなと指令を出す。当時これは〝大阪戦争〟と呼ばれ、関東勢と関西勢の対立の構図としてとらえられた。

結局、日銀総裁・岩崎弥之助が仲介に入って収まったが、その後、武藤は紡績会社の大同団結が必要だと主張し、同業者を次々に吸収合併。一躍業界最大手に躍り出る。

三菱に先行された石炭では、中上川は北海道に目を向けた。経営が行き詰まっていた北海道炭礦汽船（多くの炭鉱を経営していた）の株を、三井内部の人間も知らないまま秘密裏に買い占めたのだ。エネルギー供給の根幹である石炭を押さえることは、工業化路線の帰結でもあった。

こうした獅子奮迅の働きにより、三井銀行は再建され、同時にその後のわが国の産業界をリードする一大企業集団を作り上げた。

福沢諭吉の薫陶を受けた塾生たちは、〝福沢山脈〟とも呼ばれる豊穣な人脈を形成したが、それは慶應義塾の教育が素晴らしかったということだけではない。むしろ福沢の人物の目利きとしての能力と、その後の中上川の人材抜擢によって完成されたと言えるだろう。

新入行員時代、三井銀行秘書課で中上川に仕えた小林一三（阪急東宝グループ創業者）は、身体の大きかった中上川が、行内では畏敬の念を込め〝海坊主〟と呼ばれていたエピソードを紹介している。

当時、永田町二丁目に三〇〇〇坪の大邸宅（後のホテル・ニュージャパン、現在プルデンシャルタワーのある場所）を構えていた中上川は、押しも押されもしない財界の雄となっていた。

あざやかな色彩をもって駆け抜けた十年間

晩年の福沢は脳溢血の発作に悩まされたが、彼が病床にある時、中上川は毎日のように見舞いに行った。

子供たちに残せる遺産が少ないと気に病んでいることを耳にすると、一〇万円（現在価値にして五億円ほど）もの大金に熨斗（のし）をつけて贈っている。世間の言う〝福沢なくして中上川なし〟という言葉を、誰よりも彼は身に沁みて感じていたのだ。

快復の願いもむなしく、三度目の発作を起こした福沢は、明治三十四年（一九〇一年）二月三日午後十時五十分、この世を去る。ところがその中上川も、慕っていた叔父の後をすぐ追うことになる。

彼が寿命を短くした背景には、美食家で運動嫌いのために肥満し、慢性腎臓炎を患っていたことがあった。それに『二六新報』が明治三十三年（一九〇〇年）四月から執拗な三井攻撃記事を掲載したことと、三井内部の主導権争いからくるストレスが加わったのだ。

福沢の予言通り、益田孝が彼の力を牽制しようと動き始めていた。中上川が政治家の優遇をやめたために、応援団だったはずの井上馨も批判的になっていた。

そんな中、中上川を牽制する目的で三井に送りこまれてきたのが早川千吉郎だった。帝国大学法科大学を卒業後、大蔵省に入省。松方正義に気に入られ、日清戦争時の財務処理などで活躍したやり手である。

心労が中上川の命を削り、彼は早川が三井入りした翌年にあたる明治三十四年（一九〇一年）十月七日、腎臓疾患を悪化させて急逝する。享年四十七。叔父の福沢に遅れることわずか八ヵ月。早すぎた死であった。

まるでその死を待っていたかのように、早川は三井銀行の改革に動き出す。中上川の工業化路線を否定し、運転資金のような短期融資主体の商業銀行路線へと大きく営業方針を転換したのだ。

結論を先に言えば、このことは完全に裏目に出てしまう。三井銀行は栄光の時代から転落し、安田や三菱銀行などの後塵を拝するようになっていくのである。その後、娘婿の池田成彬が立て直しを行っていくが、中上川の頃のような栄光の時代が再び訪れることはなかった。

『三井銀行八十年史』は「第三章　中上川彦次郎の改革」の中で、社史としては珍しく感情のこもった次のような文章を載せている。

〈当行の長い歴史のなかにも、中上川副長の主宰した十年間ほど、あざやかな色彩をもつ時期はない。そこには、みなぎる若さと、明確な方針と、強力な実践とが、資本主義の成立という近代日本の誕生期を舞台として、はつらつと躍動しているのを見ることができる〉

稀代（きだい）の名銀行家（バンカー）・中上川彦次郎、もって瞑（めい）すべしである。

国家を支え続けた銀行家

池田　成彬

三井銀行

（写真提供＝三井文庫）

白洲次郎が“おっかなかった”と語った迫力あるその人生に迫る

中上川の娘婿として、中上川が再興した名門銀行・三井のかじ取りを任されたのが池田成彬である。金融恐慌、金解禁、敗戦という金融史上未曽有の危機を乗り越え、血盟団事件ではテロによる命の危険まで味わった。こんな銀行家はそうはいない。日銀総裁、蔵相、商工大臣にも就任した彼のことを白洲次郎は〝おっかない人だった〟と評したが、その迫力ある人生を見ていくことにしよう。

いけだ・せいひん

慶応3年（1867年）山形生まれ。慶應義塾に学び、明治28年（1895年）ハーバード大学卒業。帰国後、時事新報社を経て、三井銀行に入る。大正8年（1919年）以降、筆頭常務を務める。昭和8年（1933年）三井合名常務理事に就任。昭和12年（1937年）日銀総裁に就任。翌昭和13年（1938年）に近衛文麿内閣の要請で大蔵大臣兼商工大臣、昭和16年（1941年）に枢密院顧問官。戦後は三井財閥の解体にあたる。昭和25年（1950年）没。

父親の薫陶

経済に弱かった吉田茂首相は、政府の経済運営や関連人事について、同じ大磯に住む池田成彬から意見を聞くのを常としていた。

吉田はその御託宣を〝池田大明神のおみくじ〟と呼んでいたが、その内容があまりに重要事項だったりすると、〝それは自ら決断しなさい！〟と厳しくたしなめられたという。

吉田の側近だった白洲次郎もまた、しばしばその謦咳に接する機会があった。そもそも白洲の父文平は池田とはハーバード大学の留学仲間で、同時期に三井銀行へ入った仲だ。そんな白洲は後年、彼の印象について次のように語っている。

〈昔式の財界人で、とってもおっかなかったのは、池田成彬さんが最後の人ですよ。やはりぼくら恐かったな。このごろじゃ恐いなんていう人は、余りいませんね〉

（「時局ウラ話」『サンデー毎日』昭和二十八年八月二日号）

白洲は現職の大臣だろうがかまわず怒鳴り上げた破天荒な男だが、その一方で〝本物の男〟には人一倍敬意を示すところがあった。実際、池田という人物は、国家が必要とする局面でその負託に応え続けた、金融史上特筆すべき銀行家であった。

池田成彬は慶応三年（一八六七年）七月十六日、米沢藩（現在の山形県）藩士池田成章の長男として生まれた。

第九代藩主・上杉鷹山の藩政改革は有名だが、勤倹の藩風はその後も残っていた。父成章は維新後、上杉家の家令となり、傾きかけた上杉家を再興している。後に米沢士族会会長に就任しているのはそうした功績ゆえであろう。

戊辰戦争で官軍に反旗を翻したこの地方の社会インフラ整備は遅れていた。成章は沖縄県少書記官や大蔵省御用掛を務めた後、明治二十九年（一八九六年）五月、両羽銀行（現在の山形銀行）初代頭取に就任。資本力を充実させ、豊富な資金力でこの地方の経済を支えた。明治三十二年（一八九九年）には米沢まで鉄道が開通し、その翌年には白岩町に水力発電所が完成。生糸の輸出を大きく伸ばすことができた。

成章が両羽銀行の頭取になったのは、成彬が三井銀行に入った翌年のことだ。それまで彼は、財政家であり銀行家としての父親の背中をずっと見ていたはず。まさに身近なところで薫陶を受けていたのである。

幼少時代は、日本橋浜町にあった米沢藩邸から有馬小学校に通っていた。有馬小学校というのは、久留米藩主の有馬家が寄付した土地に立つ由緒ある小学校だ。チャキチャキの江戸っ子が多く、成彬が東北弁で本を読むとみなどっと笑う。以来、彼は公の場で演説することが大の苦手となり、日銀総裁や大蔵大臣に就任してからも、このコンプレックスは克服できなかった。

森鷗外なども通った進文学舎という名門私塾で洋学と漢学を学んだ後、当初は大学南校(なんこう)に進学するつもりだったのだが、英語力をもっとつける必要を感じ、十九歳の時、慶應義塾に入塾する。

慶應義塾に入った者は、みな福沢諭吉に憧れて入塾したのだろうと思うかもしれないが、意外なことに成彬はそうではなかった。若いのに似合わず保守的だった彼は、福沢の早期に欧米化するべきという主張に疑問を感じていた。

ある時も福沢は、

「お前たちは巧言令色(こうげんれいしょく)をしなければならん」

と逆説的な表現を使った。

それまで武士階級では〝沈黙は金〟とされてきたが、広く人々と意見交換するためにも、諸外国と交渉していくためにも、コミュニケーションのツールとしての修辞学やディベートのノウハウを身につけるべきだというのである。

だが若い成彬には、彼の意図するところがくみ取れない。この言葉を三田の演説館で聞いて激しく反発し、以後二度と演説館に足を向けず、他の塾生のように福沢邸に赴いて直々に教えを仰ぐこともしなかった。

成彬は後に、

〈私は若い時に福沢先生を嫌ったが、これは自分の力が足りないせいで、殊に演説館で先生を嫌いになったということは非常な失策で、やはりあの頃先生の家にでも行って教えを乞うて置けばよかったと、今でも思っております〉（今村武雄著『池田成彬伝』）

そう反省の弁を述べている。

明治二十一年（一八八八年）七月、慶應義塾の別科を三番で卒業。当初の予定通り東京帝国大学に進学しようとしたが、慶應義塾に大学部ができたため、こちらの経済学部に進学する。

当時、慶應義塾はハーバード大学と提携していた。大学部卒業生の中から成績上位三位以内の者を選抜して同大学へ留学させることになっており、幸運にも彼はこれに選ばれた。

だがこの留学はトラブル続きだった。年に四五〇円と言われていた学費が実は四五〇ドルだったり、四年間奨学金が出るはずなのがまったく出なかったり、すぐ本科に入れず留学期間が五年に延びたりしたのだ。おまけに留学期間中にドルが急騰したため、池田家の資産は底をつき、慶應義塾から二千余円という多額の借り入れをするに至った。

三井銀行入行

明治二十八年（一八九五年）七月、将来に不安を抱えながらもようやく帰国した彼は、周囲の勧めもあって、福沢が創刊した『時事新報』に論説委員として入社する。欧米の教養を身につけてもなお、保守的な漢学生気質は改まっていない。福沢から原稿が真っ赤になるほど朱筆を加えられ、プライドをいたく傷つけられた。

借金の返済をしないといけないから給与水準は重大な関心事だったが、月給二〇円しかもらえない。大卒の銀行員の初任給が三五円くらいの時代だったから、留学帰りのエリートである彼には低すぎる。

実家に迷惑をかけていなければ、給料のことでとやかくは言わなかっただろうが、結局、給料が不満で時事新報社をわずか三週間で辞めてしまうのだ。

これに父成章は激怒した。今にも勘当しそうな勢いだ。早く転職先を見つけて安心させねば勘気が解けないと考えた彼は、人格者で知られた小幡篤次郎慶應義塾塾長に身の振り方を相談し、小幡の口添えにより三井銀行に入行する。

当時の三井銀行の実質的トップは、前章でご紹介した中上川彦次郎だ。成彬が辞めてきた時事新報社の初代社長でもある。

中上川は後に彼の岳父になるのだが、意外なことに当初は、

「銀行には学者は必要ない！」

と言って、採用に反対した。

海外留学がまだ珍しいこの時代だが、かく言う中上川も福沢に学資を出してもらって留学しているから、留学帰りに対する偏見があったわけではなかろう。おそらく時事新報社時代の頑迷固陋な論説委員ぶりを聞き知っていたからではなかろうか。ところがここで、同じく慶應ＯＢの波多野承五郎（後の三井銀行理事）が助け舟を出してくれた。

「三井銀行は天下の大銀行ではないですか。一人、二人の学者を雇わないでどうします」

波多野の説得で無事入行が決まり、同年十二月、本店企画調査係に配属となる。採用を後押ししてくれた波多野がこの部署の長であった。

彼は銀行に入った時の印象を、〈これは又詰らない商売なのに驚いた〉（『池田成彬伝』）と

率直に述べている。これは口に出す出さないは別にして、どの時代も新入行員に共通した、銀行という職場の第一印象ではあるまいか。一、二年で辞めていく若者などは、まことにもって〝ご愁傷様〟としか言いようがない。

当時はまだ江戸時代からの商家の伝統が息づいている。昔ながらの番頭、手代、丁稚が和服に前掛け姿で切り盛りしており、洋服姿の成彬は完全に浮いていた。

だが彼にとって幸運だったのは、中上川の行内改革が始まっていたことである。優秀な若手がどんどん要職に配置され始め、成彬も入行翌年の明治二十九年（一八九六年）八月には大阪支店次長、そのまた翌年の十二月には三十歳の若さで足利支店長に抜擢される。

そして明治三十一年（一八九八年）八月には、米山梅吉（わが国のロータリークラブ創設者）らとともに海外出張を命じられた。欧米の銀行制度を視察。欧米流の近代銀行経営の基礎を学んできた彼は、帰国後も研鑽を重ね、行内で最も実務に精通していると自他ともに認める存在となる。

明治三十二年（一八九九年）十一月に帰朝し、本店営業部次長に就任。銀行経営の企画全般に携わる部署であった。帰国の二年後にあたる明治三十四年（一九〇一年）五月に中上川の長女・艶と結婚するが、喜びもつかの間、同年十月、中上川が急逝してしまう。

三井銀行の将来を託された形の成彬は、明治三十七年（一九〇四年）、業績推進の要である営業部長に昇進。三十七歳になっていた。

そして就任早々の案件が三越再建であった。三越をなんとか再建するべく獅子奮迅の働きをしていたのが、日頃から成彬を慕っていた日比翁助（ひびおうすけ）である。

経営を近代化させねば三越に未来はない。その点では一致していたが、そのためには資金が必要だ。議論を重ね、腹をくくった成彬は八〇万円の融資を実行する。当時の三越の資本金が五〇万円だから、その金額の大きさがわかるだろう。結果として日露戦争の戦争景気にも支えられ、三越の業績は急回復していく。

これだけの金額を無担保で貸すからには自らの進退がかかってくる。私情で貸せる額ではない。経営改革の内容やトップセールスによる顧客開拓の状況を詳細に情報収集しながら、理詰めで検討しての結果だった。そして何より、〈日比が三越の仕事に熱中したほどの熱をもって仕事をした男は私は他に見たことがない〉（池田成彬著『財界回顧』）という敬意と信頼感ゆえであった。

彼もまた、渋沢栄一や安田善次郎同様、人を見て融資していたのである。

際立った危機管理能力

池田成彬の業績の中で特筆すべきなのが、営業部長在職中に推進した、コール市場（短期の資金の貸借を行う市場）の創設である。

それまで資金不足の際には日本銀行に手形の再割引をしてもらったり、公債を担保に融資を受けたりしていたのだが、一度、融資を日銀に渋られたことがあった。日銀依存の体質から脱却しないといけないと痛感した彼は、余裕金を一時コールローンとして運用しておき、資金を要する時はこれを回収することで日銀借り入れをしない方針を打ち出し、他行もそれにならうこととなる。

銀行間の金利競争で体力を奪い合うのを回避するため、預金協定を作ったのも成彬の功績である。だがこうした成彬の頑張りとは裏腹に、中上川没後の三井銀行は保守的な体質に後戻りしつつあった。彼は信託業務の兼営などを提案し、新規業務に進出することで先行者メリットを享受するべきだと考えていたが、意思決定機関である支店長会で出るのは後ろ向きな意見ばかり。

「郵便貯金はどこの郵便局でも引き出せるんですから、うちの銀行でも、小口だけでいいからどの支店でも引き出せるようにするべきではないですか？」

そう主張した時も、印鑑照合の手間があるという理由から反対された。あまりの頭の固さに、居並ぶ支店長たちを前にして、

「なにごとも、不必要だという議論で研究を退けてばかりでは進歩発達は望めませんよ！」

と言い放ち、その場をしんとさせた。

だからと言って、浮利を追うつもりはない。日露戦争で株式市場が空前の活況となっていた時、中上川に代わって三井銀行に君臨していた早川千吉郎が、株の仲買人に対する融資を始めてはどうかと提案したことがあった。仕手戦などに使われるハイリスク・ハイリターンの資金に、株式市場が好調なのを理由に融資してみようというのである。

この時成彬は、早川が相手でも躊躇（ちゅうちょ）することなく、

「資産に激変のある相手だからいけません！」

と、ぴしゃりと言ってやめさせている。

銀行は、儲けることよりも儲け続けることを考えないといけない。サステイナビリティ（事業継続可能性）が銀行ほど求められる業態はないのだ。そのためには、絶えず健全な財務状態でいようとするサウンド・バンキング・ポリシーが求められる。本書で取り上げた人た

ちはみな、こうした銀行の基本に忠実だった。そして池田成彬もまた、衆に秀でたリスクマネージメント能力の持ち主だった。

早川が株の仲買人に対する融資を提案していた時、彼はすでに日露戦争後に恐慌がやってくることを予見していたのだ。彼は株式暴落前に貸金を回収し、保有している有価証券を売却。手元資金を充実させて衝撃に備えた。そのため他の銀行が取り付け騒ぎにあっても悠然と営業を継続することができたのである。

ちなみにこの時、新設予定の証券会社支配人になる話に飛びつき、三井銀行を退職して大阪に移り住んだのが小林一三という大阪支店次長時代の元部下であった。小林は大阪に到着した途端、株式市場の暴落で職を失い、幼子を抱えて茫然と大阪の地で天を仰ぐことになる。後に東宝・阪急グループ総帥となって〝今太閤〟と称される彼も、三十四歳の若さでは、先を読む力はさほどなかったということであろう。小林と成彬の人生は、後年再び交わることになる。

中上川の娘婿というのは早川体制下ではマイナスでしかなかったが、成彬の有能さの前にトップへの道はおのずと開けていった。

明治四十二年（一九〇九年）十月には常務取締役に就任。大正七年（一九一八年）一月、早

川千吉郎が銀行を辞して三井合名入りすると、翌年、筆頭常務に昇格。三井には、主人でなく番頭が実務上のトップだという伝統がまだ残っていたから、筆頭常務は今で言う頭取職である。

筆頭常務として最初にした仕事は、またしてもリスクマネージメントだった。今度は第一次世界大戦の好景気の反動に備えることである。

好況時は各社とも過剰生産してしまう。その上、この戦争は日本が戦場にならなかったから面白いほど輸出が好調だったが、戦争が終わって欧州各国の生産が復旧すると、わが国からの輸出に急ブレーキがかかるのは明らかだ。するとまず輸出商社がやられ、そこに融資している銀行がやられ、信用不安が三井銀行にも及んでくる。この時に大切なのはキャッシュフローだ。恐慌時を乗り切る資金さえ確保しておけば何とかなる。

彼はその事態に備え、増資を考えた。金額が半端ではない。二〇〇〇万円だった資本金を何と一気に一億円に増やしたのだ。それだけではない。資金力強化とともに会社経営に透明性を持たせようとし、株式公開を行って広く市場から資金を集めようとする。

「銀行は三井家の所有物であってはならない」

それが彼のかねてからの持論だった。それを実行に移すいい機会と考えたのだ。一方で重役を増員し、社外重役制度を採用。今で言うコーポレートガバナンス（企業統治）の強化を行っている。池田成彬に死角はなかった。

三井銀行筆頭常務ともなると、行内だけでなく金融市場全体に対する責任がある。業界を代表して発言する機会も増えていった。株式市場の過熱に警鐘を鳴らし、日銀の井上準之助総裁に何度も公定歩合の引き上げを具申した。ところが高橋是清蔵相が動いてくれない。

果たして第一次世界大戦終結の二年後にあたる大正九年（一九二〇年）三月、危惧したとおり、株式相場に次いで商品市場も暴落し、四月には大阪の金融機関が相次いで取り付け騒ぎに遭った。

五月には横浜の大手生糸商だった茂木商店が倒産。そのあおりで有力銀行だった七十四銀行も休業に追い込まれ、信用不安が広がっていく。

そうした中にあって、三井銀行はむしろ苦しんでいる業界に緊急融資を行い、海外支店網を充実させる余裕さえ見せた。だが大正十二年（一九二三年）九月の関東大震災ばかりはさすがの成彬も予想できない。三井本館と横浜支店を焼失するなど多大な損害を出した。

こうした際に大事なことは緊急対策本部の立ち上げである。たまたま避暑のため箱根に滞在中だったが、そこから大阪へと向かい、大阪支店を拠点として関東地区の復旧を指示した。

幸いにも本館、横浜支店とも耐火金庫が頑丈だったので、中の帳票類や現金、有価証券に被害はなく、三井銀行は震災後、預金・貸し出しともに伸ばすことさえできた。ところが問題となったのが大口融資先だった東京電燈（東京電力の前身）である。同社の再建問題は、彼に〝命が縮まる〟ほどの苦労をさせることになる。

東京電燈再建

東京電燈は成彬が特に力を入れてきた融資先であった。明治三十七、八年（一九〇四、五年）頃、桂川水力発電所建設（山梨県大月市）のために一〇〇万円の融資を行っている。当時の東京電燈の資本金は七〇〇万円。一〇〇万円というのがいかに大きな金額かわかるだろう。

経営は順調だったが、関東大震災で事態は暗転する。電柱はほとんどが焼けるか倒れるかしたのだから当然だ。

メインバンクの本領は、企業の苦しい時にこそ発揮される。成彬は井上準之助蔵相と森賢吾駐英財務官と緊密に連絡を取り合い、外債（七〇〇〇万ドルと四五〇万ポンド）の起債に成功。国内債六〇〇〇万円も起債し、一旦危機を脱する。

だが今度は経営陣に問題が発生した。大正十二年（一九二三年）に社長になった若尾璋八（わかおしょうはち）が乱脈経営を起こしたのだ。彼は甲府財閥のドンとして知られる若尾逸平の婿養子。怖いもの知らずで会社を私物化していた。

経営者を入れ替えねばならない。ここで白羽の矢を立てたのが先述した阪急電鉄社長の小林一三だった。

昭和二年（一九二七年）のある日、東京銀座の交詢社で会ったので応接室に呼び込み、

「東電の重役に入ってもらえないか」

と話をした。ドライな性格の小林は、ろくろく池田の話も聞かないで、

「だめです、だめです」

と手をふって、応接室から出ていってしまった。

しかし成彬はあきらめない。二度目は電報を打って上京してもらい、長時間かけてついに口説き落としてしまったのだ。東京電燈入りしてからの小林は期待通りの剛腕で経営改善を進めてくれた。

小林任せにしていたわけではない。側面支援も忘れなかった。

東京電燈の経営不振の一因は、東邦電力の子会社である東京電力（現在の東京電力とは別会社）との間で電力の安売り合戦が起きていたことにある。当時の電力市場は地域独占ではなかったのだ。

そこで東京電力のメインバンクだった安田銀行の結城豊太郎に、

「このままでは東京電燈も東京電力も共倒れになってしまいます」

と持ちかけ、東京電燈に東京電力を吸収合併させることに成功する。

そして東邦電力社長だった松永安左エ門を取締役に加え、池田、小林、松永という慶應人脈の働きによって東京電燈の経営はようやく安定した。

金融恐慌

昭和二年（一九二七年）には有名な昭和金融恐慌が起こるが、ここでも池田成彬の活躍は際立っている。ただ最初は、恐慌の犯人扱いされるところから始まった。

この当時、コール市場の主な取り手は台湾銀行であった。明治二十八年（一八九五年）の台湾領有後、その中央銀行として設立された国策銀行である。ところが主な融資先である鈴木商店の経営悪化により信用不安がささやかれていた。

ある日、鈴木商店の金子直吉が訪ねてきた。大番頭として、この会社を三井、三菱をもしのぐ一大商社に成長させた立志伝中の人物だが、強引とも言える事業拡大が経営悪化を引き起こしていた。三井銀行神戸支店が鈴木商店向けの融資を絞りにかかったので、何とかしてほしいと訴えに来たのだ。

ところが成彬は顔色一つ変えず、

「それは私の指示です」

と答え、

「どうしてこんなに事業を拡大されたのですか?」

と逆に質問した。

「困っている人を見ると見捨てられないのが私の悪い癖で、その事業を肩代わりしているうち今日に至りました」

金子は人情家として知られている。普通の人ならほろりとくる場面であろう。ところが成彬は違った。

「私が想像していたよりひどい！　事業欲からならまだしも、そんな理由は言語道断。あなた方への貸金はもっと引き締め、全部なくすことにします！」

そう言い渡したのだ。金子は色を失い、うつむきながら帰っていった。

貸す親切もあれば貸さない親切もあるという典型だろう。情に流されるようでは銀行員失格である。融資をするという判断以上に、融資を断ったり回収するのは難しい。相手はもう二度とその銀行と取引しなくなるからだ。諸刃の剣だが、成彬は果断だった。

週二回ほど日銀総裁や蔵相歴任後、貴族院議員として財界の世話役的立場にいた井上準之助に台湾銀行の経営状態をヒアリングしながら、慎重にコールマネーの放出を続けていたが、どうもおかしいと思った昭和二年（一九二七年）二月末、三〇〇〇万円のコールマネーを一度に引き揚げた。

引き揚げて三週間が経った三月十四日、若槻礼次郎内閣での片岡直温蔵相の失言が引き金となって東京渡辺銀行が破綻。影響は他行にも広がり、資金繰りが逼迫した台湾銀行は休業。融資全体の八割を同行に依存していた鈴木商店は倒産する。三井銀行の鈴木商店向け融資は、この時点で無担保分はすべて回収してあったというからあざやかだ。

だが成彬は、三菱銀行の串田万蔵は自分より一枚上手だったと述懐している。三井は鈴木商店にも融資し、台湾銀行にもコールを放出していたわけだが、三菱はどちらもしていなかった。串田は父親が銀行家だったことといい、国際感覚を持っていたことといい、成彬に大変似たタイプの銀行家である。本来ならもっと注目されていい〝名銀行家(バンカー)〟の一人である。

金融恐慌に話を戻そう。若槻内閣は倒れ、首相に田中義一、蔵相には高橋是清が就任した四月二十日の夜中の二時頃、土方久徴(ひじかたひさあきら)日銀副総裁から、「明日、十五銀行を閉める」と電話がかかってきた。

そこで成彬は夜を徹して対策を考えた。政府として取り組んでもらわねば、日本経済が麻痺してしまう。このことを田中首相に理解してもらわねばと、早朝田中邸を訪問した。あまりに早いので玄関番は渋ったが、無理やり入って説明すると首相も納得してくれた。

東京手形交換所理事長に就任していた成彬は、理事会を開いて他行にも状況を説明し、串田の同道を求めて日銀に出かけた。思い切った市中への資金放出を要請するためである。すると土方副総裁は話しづらそうにしながら、

「貸し出しをやろうにも、保有の銀行券が足りなくなってしまったので、ちょっと待ってください」

とささやいてきた。これを聞いた彼は激怒する。

「いったい君は今まで何をやっていたのだ！」

そうこうするうちに高橋蔵相から呼び出しがあった。

「短期支払猶予令を枢密院にかけるから、二日間、自発的に休業してくれ」

いわゆるモラトリアムである。銀行券がないから刷るまでの時間が必要だったのだ。この時、片面だけの二〇〇円札が刷られたのは有名だ。

高橋是清といえば、モラトリアムを発動して金融恐慌を乗り切った名蔵相として名高いが、日銀券が十分にあればそんなものは必要なかったのだ。このあたりの先を読む力は、十三歳年下であっても池田成彬のほうが上だった。政治家は後世に名を残すが、銀行家は縁の下の力持ちという図式が、ここでもそのまま当てはまる。

銀行券不足という失態を演じた土方に対する不信感ゆえ、成彬は、

「次の日銀総裁は土方ではだめだ。井上でないと」

と強く推薦。井上準之助が再登板することとなり、市場に潤沢な資金を供給した。

こうして金融危機は沈静化していく。そしてちょうど一年が経った時、井上は成彬のところを訪れてこう告げたという。

「君が一年やれと言ったんで、嫌だったが俺も出たんだ。目鼻がついたから辞めるよ」

池田成彬という人物の影響力の大きさがしのばれる。

金解禁と血盟団事件

昭和五年(一九三〇年)一月、浜口雄幸(はまぐちおさち)内閣は金解禁を断行した。井上準之助蔵相は財界の協力を求め、成彬も積極的に支持した。ところが不幸にも世界的な大不況が直撃したために、生糸や米などが暴落して農村は疲弊し、失業者が街にあふれた。

成彬は産業審議会、失業防止委員会、産業調査会などを設立し、これらの活動を通じて対応しようとしたが焼け石に水。デフレ不況は、彼の予想をはるかに超えるものであった。

そして翌昭和六年(一九三一年)、イギリスは各国に先駆けて金本位制から離脱。金輸出を禁止したためにポンドは暴落する。

わが国も金輸出再禁止をするかどうかという瀬戸際に立たされたが、ここで三井銀行はまとまった額のドル買いを行う。これが世間から疑惑の目で見られることになった。わが国が金輸出を再禁止すれば、イギリスのポンドが暴落したように円が暴落するのは必定。三井銀行が円を売ってドルを買ったのは、まさにそれを予見しての行動ではないかというわけである。

三井のドル買いの噂は世間を駆け巡り、他の銀行や商社の投機的なドル買いを招き、金輸出再禁止の遠因を作ってしまうことになる。新聞各社に国賊だと書きたてられた。世に言う〝ドル買い事件〟である。

これに対し成彬は、ポンド建て投資を先物のドル売りでリスクヘッジしていたが、イギリスによる金輸出再禁止でポンド資産が凍結されてしまい、ドルの買い戻しをしなければならなくなったのだと釈明している。つまり、投機ではなく実需のドル買いニーズがあったのだ、というわけだ。

だが、先の読めることで知られていたことがあだになった。言い逃れできる雰囲気ではなく、井上蔵相までもが批判する側に回ってしまう。昭和六年（一九三一年）十二月に犬養毅内閣が成立し、蔵相が再び高橋に代わると、金輸出再禁止が行われ、金本位制の幕は閉じられた。

〝ドル買い事件〟で世間を騒がせた責任を感じた成彬は辞表を出したが、三井家当主の三井源右衛門も三井合名理事長の団琢磨(だんたくま)も受け取らない。成彬は円暴落の犯人扱いをされたまま世論の矢面に立たされ続けた。以来彼は一五年もの長きにわたり、防弾チョッキを身につけ、身辺を護衛され続けることになる。

実際、翌年、井上準之助、団琢磨が相次いで暗殺され（血盟団事件）、昭和十一年（一九三六年）の二・二六事件では高橋是清までが殺害される。成彬自身も暗殺対象候補者だった。つくづく損な役回りの銀行業が嫌になり、銀行経営を学ばせるためイギリスへと留学させていた三男の就職先を東京海上火災に変えた。

三井合名常務理事に就任した成彬は、三井合名と直系六社に六十歳定年制を導入し、経営陣の若返りを図ろうとする。そのためには自ら範を示さねばならない。六十八歳になっていたこともあって、昭和十一年（一九三六年）四月三十日には三井合名を退職。五月には一切の公職から身を引いた。

国家にその身を捧げつくして

ところが、ここで不思議なことが起こる。昭和十二年（一九三七年）二月、林銑十郎(はやしせんじゅうろう)内閣の蔵相となっていた結城豊太郎から日銀総裁への就任を懇願されるのだ。

いくら結城と親しい関係だったとはいえ、あれほど世の指弾を受けていた成彬に白羽の矢が立った背景には、戦時体制という特殊事情がある。急速な生産力拡充を実現するためには、日銀自体を戦時体制に適応したものに変革していく必要があった。時には金融界に無理を強いる場合も出てくるだろう。それを調整できる人間は池田成彬をおいてほかになかったのである。

二年ほど前から胆石を患っていたこともあって何度も断ったが、非常時であるという結城の説得に観念した。そして彼の出した条件は、

「日本銀行の条例を改正するがいいか？　それから、日銀のことと金融のことにはあまり口を出さないでほしい」

というもの。あろうことか金融担当の大蔵大臣を相手に、〝金融に口を出さないでくれ〟と約束させて第十四代日本銀行総裁に就任するのである。

心配されていた体調不良のために、在任わずか五ヵ月半という日銀総裁在任最短記録となってしまうが、その短い間に見事、日本銀行の条例改正に成功する。そして商業金融中心だった従来の営業姿勢を、産業金融をも対象とするものに大きく変貌させた。

実はすでに三井時代の昭和八年（一九三三年）六月、日銀の制度改革案を経済連盟の名前で出し、日銀はもっと実業界に金を貸せと主張していたのだ。これまでの抱負を実行したというわけだ。これによって結城が期待していたとおり、生産力拡充が可能になっていく。

短時日に成果を出した成彬もすごいが、スキャンダルを抱えていることを知っていながら彼に全幅の信頼を置いて指名した結城という人物の、人を見る目と度量の大きさにも感動する。

やや健康を回復した成彬には次の仕事が待っていた。まるで待ち構えていたかのように、林の後を継いだ近衛文麿（このえふみまろ）首相が彼を蔵相兼商工相に指名するのである（第一次近衛内閣）。

昭和十四年（一九三九年）一月の近衛内閣総辞職により辞任したが、昭和十六年（一九四一年）十月には枢密顧問官に指名され、引退どころか首相にしようという声さえ出た。

軍部の力が強くなっても、財界の立場からの意見を述べることをやめなかった。国家総動員法における企業の配当制限と銀行の強制融資に反対し、軍や革新官僚の反発を呼んだのは、彼の信念の強さを表している。

そして終戦を迎える。昭和二十年（一九四五年）十月、終戦連絡事務局長官に任命される予定だったが、A級戦犯容疑者第三次指定により自宅謹慎となる。だがむしろ彼は開戦阻止に動いた人間だったことをＧＨＱ（連合国軍総司令部）も理解し、翌年には戦犯指定を解除されている。

人生最後の御奉公は、小泉信三元慶應義塾塾長を東宮職参与に抜擢したことであった。この国の行く末を案じ、皇太子（今上天皇）に帝王学を学んでいただくことの重要性を考えてのことだ。それがいかに的を射た人事だったかはよく知られるところである。師の福沢、舅（しゅうと）の中上川同様、彼もまた人材の目利きになっていたのである。

昭和二十五年（一九五〇年）十月九日、直腸癌のためこの世を去る。享年八十三。

末期の直腸癌が発見され腸の摘出をするという時、渋沢敬三（渋沢栄一の孫、日銀総裁、蔵相を歴任）ら財界人が集まり、

「非常時だけにこの人には体力を残したままでいてもらわねば……」

と話し合って、人工肛門を付けるだけの手術になった。

国家は常にこの人を必要とし、その負託に応え続けた一生であった。

政府系金融機関の範を示した名総裁

小林 中

日本開発銀行

（写真提供＝日本政策投資銀行）

“影の財界総理”の
功を誇らない生き方

日本開発銀行の初代総裁小林中は〝影の財界総理〟といったフィクサーとしての顔で知られている。海外をも含めたその人脈と勘の良さで、戦後間もない混乱期の調整役として無類の手腕を発揮した。自らを語ることの少なかった〝コバチュー〟の素顔に迫る。

こばやし・あたる

明治32年（1899年）山梨生まれ。大正11年（1922年）早稲田大学政治経済学部を中退し、家業の石和銀行に入社。昭和４年（1939年）富国徵兵保険に入社。昭和９年（1934年）「帝人事件」で投獄。昭和12年（1937年）富国徵兵保険に復帰。翌年に同社取締役、昭和18年（1943年）に社長に就任。昭和21年（1946年）から一年半の間、東京急行電鉄社長を兼任。その翌年に生命保険協会会長に就任。昭和26年（1951年）日本開発銀行の設立に伴い、初代総裁に就任。晩年も数多くの要職に就いた。昭和56年（1981年）没。

異色の銀行家

本章では、日本開発銀行（開銀、現在の日本政策投資銀行）の初代総裁小林中（こばやしあたる）（通称・コバチュー）を取り上げる。本書『名銀行家（バンカー）列伝』の中で最も異色の銀行家だ。

日本開発銀行は、戦後復興を目的として政府の全額出資で設立された復興金融金庫（復金）の後継金融機関である。復金が極度のインフレをもたらし、昭和電工疑獄事件（昭電疑獄）という一大汚職事件の温床（おんしょう）となった反省の上に生まれた。

そのため初代総裁となった小林は、復金の目指した戦後復興という同じ夢を追いながら、同じ轍（てつ）を踏まないよう慎重な運営を迫られた。個人的に吉田茂や池田勇人の応援団であったが、開銀総裁としての立場でははっきりそのことと一線を引き、融資案件に情実の入らない体制を作り上げた。

「俺は仕事を何一つやっていないが、ただ一つ、政治家が融資を頼んできたら断るという仕事だけはやっている」

日頃そう語っていたという。

市中銀行が長期固定金利でまとまった額の融資をする余裕のなかった当時、鉄道、造船、鉄鋼、自動車といった重厚長大産業は開銀融資を活用することで大型の設備投資を可能とし、戦後復興を力強く牽引する原動力になっていく。〝政府系金融機関かくあるべし〟という範を示し、わが国の奇跡の復興を支えた功績は大きい。

筆者は富士証券（現在のみずほ証券）に勤務していた平成八年（一九九六年）から三年間ほど、日本開発銀行や日本輸出入銀行（現在の国際協力銀行）、電源開発などが海外で発行する外債起債の担当だったことがある。

当時は財政投融資という優れた制度がまだ十分機能していた時代である。国策会社は政府の指示通りに動く操り人形のような機関という印象を世間の人は持っていたが、決してそうではなく、そこで働く人の資質とモラルは大変高いものがあった。

その素地を作ったのが開銀初代総裁の小林中であったことを考えると、異色ではあっても『名銀行家（バンカー）列伝』に名を連ねるに十分値する人物だと信じる。

彼に関しては日記、回想録の類いはほとんど残されていない。自分を誇ることをせず、時代の要求する仕事を黙々とこなしていった。何より生き方に筋が通っていた。吉田首相や池田首相などを陰で支えていたことも含め、白洲次郎と実によく似ている。

どうしてこの時代の人は、かくも格好いいのだろうか。

甲府財閥と石和銀行

明治三十二年（一八九九年）二月十七日、小林中は山梨県東八代郡石和村（現在の笛吹市石和町）に、矢崎貢の四男一女の次男として生まれた。石和は甲府盆地の中で甲府市の東隣に位置し、江戸時代は宿場町として栄えた町である。

数えで二歳の時、母方の祖父・小林伝右衛門のところへ養子に入った。矢崎家は十数町の田畑を所有していたが、小林家もまた代々名字帯刀を許された山梨県下屈指の豪農である。祖父であり養父でもある伝右衛門は、明治三十三年（一九〇〇年）に石和銀行（後の山梨中央銀行）を設立。彼の死後は父・貢が頭取職を引き継いでいたが、将来、小林が後継者となることは、養子に入った時からの既定路線であった。

かつて山梨県には、全国で七番目に多い七二行もの銀行があった。ただし規模は小さく、江戸時代の両替商の延長線上という銀行がほとんど。ちなみに全国の銀行数は明治三十四年（一九〇一年）に二三八五行と史上最高を記録した後、本書でも既述してきた何度かの金融恐慌の波にのまれ、その数は急速に減少していく。

幼い頃の小林はおばあちゃん子で、意外なことに、近所の子に泣かされて帰ってくるような内気で弱々しい子供だった。ところが旧制甲府中学にあがるころには手下を従え、夜の街に繰り出す立派な不良少年となっていた。落第して五年生を二度やるべきところ、学校側が小林の留年を嫌って追い出したというから推して知るべしである。

東京に出たいと考え、慶應義塾を受験するも失敗。早稲田大学政治経済学部に入学する。小林が入学した大正六年（一九一七年）まで、早稲田には何と無試験で入れた。ところが遊びが過ぎて卒業できずに中途退学。石和銀行に入り、取締役兼支配人に就任する。

オーナー一族だから怖いものなしだ。早起きの苦手な小林は文字通り重役出勤。そんな彼が、例外的に熱を入れて取り組んだのが株式投資であった。

情報収集に努め、新聞の相場欄を徹底的に読み込むのはもちろん、ラジオ放送が始まると、銀行の庭に高いアンテナを立てて株式相場に耳をすました。そして部下に売買を指示すると、早々に退行して甲府の夜の街へと消えていく。それでも勘が鋭く度胸もあったためか、不思議と読みが当たった。石和銀行が昭和二年（一九二七年）の金融恐慌を生き延びることができたのは、彼の株式投資の成功によるものだと言われている。

だが小林は、結局石和銀行頭取の椅子に座ることはなかった。東武鉄道社長で〝鉄道王〟と呼ばれていた根津嘉一郎（ねづかいちろう）から富国徴兵保険相互会社にヘッドハントされたためである。

根津嘉一郎と富国徴兵保険

昭和四年（一九二九年）二月、小林は旧岩槻藩主であった大岡忠量子爵の四女・慶子と結婚したが、この時、媒酌人となってくれたのが根津であった。同じ甲州出身ということで、養父・伝右衛門と親しい関係にあったのだ。そして彼から、

「俺のところに来て働かないか？」

と声がかかった。

誘われたのは、東武鉄道ではなく、同じ根津財閥の中の富国徴兵保険相互会社である。新婚旅行から帰ってくると、財務担当である第一部長という要職が用意されていた。

小林は言いたいことはずけずけ言うタイプだったが、不思議と目上にかわいがられた。

昭和七年（一九三二年）初め、経営が悪化した武蔵野鉄道（現西武鉄道）の買収を根津が検討していた時のこと、彼が鉄道協会会長の立場にあったことから、

「あなたは協会長ではないですか！　そういう立場にある人が、経営の失敗を好機として、別の鉄道会社を傘下に収めるようなことは慎むべきです」

と諫言した。

「言われなくてもわかっておるわ！」

痛いところを衝かれた根津は、大声で怒鳴って黙らせようとしたが、小林は諫言をやめない。クビは覚悟の上だった。ところが二時間ほどやり合ううちに根津が折れてきたのだ。むしろその後、さらに小林を重用するようになり、重役連も重要な案件は小林を通じて意見具申するようになっていったという。

根津から帝王学を授けられる一方、当時の〝財界総理〟だった郷誠之助（日本商工会議所会頭）を中心とする政財界人のサークル〝番町会〟に加入し、最若手のメンバーとして、河合良成、永野護、正力松太郎といった、その後の日本を支えていった俊秀たちとの交流を深めていった。

ところが、この会に入ったことがきっかけで思わぬ事件に巻き込まれるのである。

帝人事件

昭和九年（一九三四年）一月十七日から、武藤山治が社長を務めている『時事新報』に「番町会を暴く」という暴露記事が掲載され始めた。世に言う〝帝人事件〟の幕開けである。

昭和金融恐慌で台湾銀行が休業に追い込まれ、同行をメインバンクにしていた鈴木商店は倒産した。台湾銀行は政府の特融で救済されたが、この時、鈴木商店系の帝国人絹（じんけん）会社（帝人）の株式が特融の担保に入っていた。担保に入っていては売却できない。この株式の値上がりを見越した元鈴木商店大番頭の金子直吉が番町会メンバーに買い戻しのあっせんを依頼したのが話の発端だった。

彼らは中島久万吉（なかじまくまきち）商工相や三土忠造（みつちちゅうぞう）鉄道相、黒田英雄大蔵次官らを通じて台湾銀行に働きかけ、株式を担保からはずすことに成功する。人絹メーカーは業績が好調だったことに加え、帝人が増資を決めたため株価ははね上がり、買い戻した帝人株を持っていた面々は番町会メンバーを含め大儲けする。

この際、仲介役を果たした中島にも帝人株や現金が渡ったのではないかという疑惑が持たれた。彼もまたも番町会のメンバーだったからだ。

多くの関係者が取り調べを受け、小林も一年近く投獄された。取り調べは苛酷な上、獄中の環境は劣悪。下痢になってやせていき、取り調べの最中に失神したりした。

耐えきれずに容疑者が次々と虚偽の自白をしていく。小林は何ヵ月も頑張ったが、ついに落ちた。保釈されて家に帰った時、肝臓障害のため顔はむくみ青黒くはれ上がっていたという。

　結局、中島商工相・黒田英雄大蔵次官ら六人が収賄、三土忠造鉄道相は偽証罪、島田茂台湾銀行頭取、高木復亨（なおみち）帝人社長ら九人が背任・贈賄で計一六人が起訴された。現職閣僚の起訴に、たまらず斎藤実内閣は総辞職する。

　だが無理に自白させているのだから矛盾が起こる。三年後の判決では起訴された一六人全員が無罪となった。証拠不十分というのではなく、事件そのものが存在せず、単なる商取引と商習慣による謝礼と認定された。現在の金融商品取引法ならインサイダー取引として確実に有罪となる事例だが、当時としては裁判長自身が〝空中楼閣〟と認めたほどのでっちあげ事件であった。

　暴露記事を掲載した『時事新報』の武藤社長は暗殺され、取り調べにあたった黒田悦郎主任検事は間もなく病を得て死亡している。何ともきな臭いにおいのする事件である。

　背後にいて検察を動かしたのは平沼騏一郎（ひらぬまきいちろう）枢密院副議長だというのが通説だ。平沼の枢密院議長就任を阻んだ斎藤首相への怨恨が背景にあったというのだ。小林にとっては、とんだとばっちりだった。

富国徴兵生命、東急社長兼任

世間は事件関係者たちの社会復帰を当然と考えた。小林は無罪判決の二ヵ月後にあたる昭和十三年（一九三八年）二月、富国徴兵保険の取締役に就任している。そして翌昭和十四年（一九三九年）五月には常務、昭和十五年（一九四〇年）一月には専務、そして昭和十八年（一九四三年）十二月には社長に上りつめる。四十四歳の若さだった。

そして彼は富国徴兵保険社長として終戦を迎えた。同社の主力商品だった〝徴兵保険〟も、徴兵制がなくなってはもはや成り立たない。昭和二十年（一九四五年）九月、会社の名称を〝富国生命〟に改め、本社ビルがＧＨＱに接収されるなど厳しい環境下、一般の生命保険事業を開始。乱世に強い小林の真価が発揮されることになる。

ただでさえ忙しい中、ＧＨＱによって公職追放になった東京急行（東急）電鉄創業者の五島慶太が、

「東急電鉄の社長を引き受けてくれないか」

と頼みに来た。再三固辞したが、

「君しかいない！」

の一点張り。やむなく、経営に一切口を挟まないという言質をとった上で引き受けた。

こうして昭和二十一年（一九四六年）三月一日、小林は富国生命社長のまま東急電鉄社長に就任。ここから一年半の間、午前中は富国生命、午後は東急という日々を送ることとなる。

戦後、各社とも労働組合運動が激しさを増したが、東急労組との交渉も上手に乗り切った。しかしさらに追い打ちをかけてきた問題が、過度経済力集中排除法の制定をきっかけに浮上した会社の分割問題である。

重役会での意見は割れた。〝帝都の私鉄大合同〟を持論にしていた小林は分割を避けたかったが、集中排除法の指定を受けてはやむをえない。昭和二十三年（一九四七年）五月、東急から京王、小田急、京浜急行の三社が分離独立することとなった。

小林が東急社長を辞めたのは、会社分割の方針が決まる前年の昭和二十二年（一九四七年）九月である。彼なりに筋を通したのだ。あざやかな進退であった。

実はこの直前の昭和二十二年（一九四七年）二月、小林は生命保険協会会長に就任していた。戦後の混乱を乗り切るため、生保協会は若い彼に業界の運命を託したのだ。

評伝を書いていると、〝小才は縁に出合いて縁に気づかず、中才は縁に気づいて縁を活かさず、大才は袖すりあった縁をも活かす〟（柳生家家訓）という言葉が人生の真実を語っていることにしばしば感じ入る。

日本開発銀行初代総裁

小林が生命保険協会の会長に就任する前年、吉田政権が誕生し、ＧＨＱの執拗な干渉に苦しみながらも復興への道を模索していた。

その吉田を政治資金面から支え財界との間を取り持ったのが、日清紡績を再建したことで知られる宮島清次郎だ。小林は根津嘉一郎が日清紡績の相談役をしていた縁で宮島と知り合い、その縁を見事活かしていくのである。

宮島は吉田首相とは東大法学部の同期生。学生時代から刎頸の友だった。彼は小林の器量をすぐに見抜き、吉田の政治資金のパイプ役とするだけでなく、国家の資金のパイプ役にしようと考える。そして彼を日本開発銀行の初代総裁に推薦した。

先に述べたとおり、復興金融金庫の失敗があるだけに難しい仕事だ。小林は吉田に、

「開銀は政府系金融機関ですから政党その他から多くの注文がくると思いますが、私は一

切引き受けません。たとえ総理からでもお断りしますが、それで良ければお引き受けします」

と明言し、骨のある人間が好きな吉田の信頼を勝ち取ることとなった。

こうして昭和二十六年（一九五一年）四月、日本開発銀行初代総裁に就任するのだが、ここでもう一度、日本開発銀行設立のきっかけとなった復興金融金庫について触れておきたい。

復金は第一次吉田内閣の蔵相であった石橋湛山（いしばしたんざん）の発案により、昭和二十二年（一九四七年）一月に設立された。経済復興を図るため、政府の手で重要産業に対し資金供給を行う目的であったが、融資しようにも資金がない。そこで苦肉の策として、資金の主たる源泉を復金債の日銀引き受けに求めた。

昭和二十一年度から二十三年度にわたる復金債発行額のうち実に六八・八％が日銀引き受けであったという。多少の信用膨張は承知の上だったが、予想をはるかに上回る急激なインフレを引き起こし、社会は大混乱に陥った。

日本が破綻すると、米国もこれまで投下した資金を回収できない。これは看過できないと、昭和二十三年（一九四八年）十二月、ＧＨＱは均衡財政を基本とする〝経済安定九原則〟を提示し、インフレ退治に乗り出す。翌二十四年（一九四九年）二月、ジョセフ・M・ドッジがGHQの経済財政顧問として来日。政府に指示して復金の融資を停止させた。だが、いわゆる〝ドッジライン〟によるインフレ収束は、超デフレ時代の幕開けでもあった。同じく昭和二十三年に起こったのが、復金の不正融資事件（昭電疑獄）である。この事件で芦田均内閣は総辞職。復金は功績について語る余地を残さぬほどの悪いイメージを残して闇に葬られた。

小林は経済同友会代表幹事だった工藤昭四郎（くどうしょうしろう）を開銀の副総裁にと思っていたが、工藤が東京都民銀行設立に関与することになったため、代わりに日銀理事の太田利三郎（おおたりさぶろう）に副総裁に就任してもらい、理事には日本興業銀行（興銀）の頭取候補だった中山素平（なかやまそへい）など重量級を並べた。

その上で小林は彼らに、

「君たちが断りにくいものは私が断るから」

と繰り返し語り、政治介入を防ごうとした。

ドッジの説得

審査プロセスにも気をつかった。融資案件は申し込みがあった時点でまず役員会にかけ、審査するに足ると考えられたものにつき検討した後、再び役員会を開くのだ。その後、営業部門で貸し出し条件が最終決定され、役員会で決裁を下す。

一つの案件で三回も役員会を開くようなことをルール化した銀行は前代未聞だろう。普通なら、意思決定が遅れるとされるこうした方法を彼がとったのは、ともかく情実を排除し、信用を回復するためであった。〝信用あっての銀行である〟という基本に、彼もまた忠実だったのだ。

そんな小林の前に立ちはだかったのが、先述したドッジである。インフレ抑制の観点から、市中融資を抑制しようとし、

「開銀は市中銀行の肩代わり融資に徹すべきだ。直接、産業に貸し出しを行うのはまかりならん」

と言ってきた。小林はＧＨＱに足を運び、直接会って説得した。

「わが国の復興のためには、開銀が基幹産業に直接融資するべきだ。肩代わりばかりやっ

ていては、市中銀行は不良貸し出しを回してくる。そんなことをしたら開銀はすぐつぶれてしまう。あなたがどうしてもそうしろとおっしゃるのなら、私は辞めさせてもらいます」

これにはさしものドッジも折れ、小林の主張が通った。

この後、ドッジは小林のことを高く評価するようになり、中山素平に向かって、

「何と言っても彼にはフロンティアスピリットがある！」

と気持ち悪いほど持ち上げ、太田副総裁と会った時にも、

「開銀は世界有数の優良銀行だ！」

と、最大級の讃辞を呈するまでになった。

開銀は政府系金融機関だから予算枠がある。小林はしばしば中山と大蔵省出身の中村建城（なかむらたけき）理事を連れて予算説明に行った。役人と民間の経営感覚にはどうしてもずれがあるのだが、それでも大蔵省は彼らを強引に指導していこうとする。そんな時、小林は、

「君たちはなぜ我々民間人を起用したのか？　そんなことを言うなら明日から君たちが勝手にやりたまえ！」

と怒鳴り上げたという。

〈開発銀行は政府系金融機関でありますが、政府の代弁者であってはなりません。（中略）

金融機関として自主的にまた自己の責任において、融資業務を行うべきだと私は考えておりました〉（『日本開発銀行10年史』）

それが小林の信念だった。

中山素平は興銀に戻って頭取になるが、その後も小林に私淑し、証券恐慌や新日本製鐵設立といった大きな問題が持ち上がるたび、丸の内にあった彼の事務所に知恵を借りに行った。

小林が開銀を通じて実現したかったのが外資の導入である。基幹産業の急成長を後押しするためには国内資金だけでは不十分だ。昭和二十七年（一九五二年）七月、日本開発銀行法が改正されて外資借款と債務保証の道が開かれると、理事や行員を世界銀行（世銀）やワシントン輸出入銀行（現在のアメリカ輸出入銀行）に派遣して理解を求めた。

昭和二十八年（一九五三年）九月十三日、小林は自ら渡米し、関西、中部、九州の三電力会社に対する世銀からの初の借款に成功する。

最初は開銀が間に立って世銀から借り入れ、その資金をそのまま電力会社に融資するという形だったが、その後、開銀の保証によって電力会社がワシントン輸出入銀行から直接借り入れる道も開け、小林が退任した四年後の昭和三十六年（一九六一年）には、開銀が広く投資家を募る外債起債ができるまでになった。海外で信用を獲得するための地道な努力が実を結んだのだ。

副総裁として小林に使えた太田利三郎は、開銀総裁時代の小林について、行員を叱らず、行内を明るい雰囲気にし、何か頼みごとをした時には必ずやってくれる頼もしい人だったと語り、〈このようなスケールの大きい重量感のある指導者は、今後、容易に現れないのではないかと思う〉と懐しんでいる(『追悼　小林中』)。

天下の浪人

開銀総裁としては政治家と距離を置いたが、吉田首相の政治資金調達に関しては、「金をつくってくれ」と頼まれれば、期限が翌日までであっても二つ返事で引き受けた数少ない財界人の一人だった。

だが吉田内閣に代わって鳩山一郎内閣が誕生すると、反鳩山の姿勢を鮮明にする。小林だけではない。鳩山は日ソ友好を掲げたこともあって、親米派が多かった財界のほとんどすべてを敵に回した。

昭和三十一年（一九五六年）九月、財界四団体を代表して経団連会長石坂泰三（いしざかたいぞう）と日商会頭藤山愛一郎は自由民主党の党三役と会い、鳩山内閣早期退陣要求を突きつけている。

そして首相が石橋を経て岸信介に代わった昭和三十二年（一九五七年）四月、総裁二期目の任期四年のちょうど半分を過ぎたところで、小林は開銀総裁の椅子から退いた。

「俺は天下の浪人だ」と言っていたが、彼の事務所は千客万来。その後も政財界の調整役として大忙しであった。

岸内閣になると、政府と財界との関係は友好的なものに戻り、小林も協力的姿勢を示した。アジア外交を重視していた岸は、豊富なアジア人脈を持つ小林に注目する。渋谷・南平台の小林邸は岸邸と背中合わせ。二人は碁敵でもあった。

昭和三十二年（一九五七年）八月、東南アジア移動大使に任命された小林は一一ヵ国を歴訪。インドネシアの戦後賠償問題などで大きな成果をあげる。岸は小林の追悼録の中で、〈物事の大局を確かな洞察力で見渡すことができるという特別な才能があった〉と絶賛している。

岸の後、さらに小林と深い関係のある池田勇人が政権に就く。世はまさに高度成長期。池田が示した〝所得倍増計画〟を陰になり日向になりしながら支えた財界人が四人いた。永野重雄（新日鐵元社長）、水野成夫（産経新聞元社長）、櫻田武（日清紡績元社長）、そして小林である。彼らは誰言うとなく〝財界四天王〟と呼ばれるようになっていった。

不運にも池田が癌で倒れると、今度は吉田の忠実な弟子であった佐藤栄作政権のために精力的に動いた。

その後も小林は社会から必要とされ続ける。昭和四十年（一九六五年）七月、財政制度審議会会長に就任。民間委員だけで構成されるよう改組されて早々の会長指名であった。赤字国債発行問題が浮上すると発行積極論を唱えるなど、老いてなお柔軟な発想を見せ、オイルショック後の経済回復に尽力した。

昭和四十二年（一九六七年）二月、小林は財政制度審議会と並んで、外資審議会の会長代理にも就任している（外資法の規定で大蔵大臣が会長と決まっていた）。

引き受ける前、大慈弥嘉久通産省官房長（後の次官）を呼んでこう質した。

「資本自由化は外国から迫られているからやるのでなく、日本経済の体質強化のため積極的に取り組むべき課題だと思う。産業界が反対してもやり遂げるつもりだが、通産省が反対ではどうしようもない。通産省として自由化を推進するかどうか省議で決めてもらいたい。もし君たちが反対なら自分は引き受けない」

大慈弥は役所に帰ってすぐ省議を開き、小林に協力する方針を決めた。

彼は〝体質強化〟という言葉のとおり、保護主義一辺倒の考え方を取らなかった。それまで外資の進出は資本金の半分までと制限されていたが、国際水準の経済開放を目指すには一〇〇％も認めるべきとの立場を取った。何やら近年のＴＰＰ（環太平洋戦略的経済連携協定）の議論と重なるものがあるように思えてならない。

財界四天王などというと強面（こわもて）の人物を想像するが、ふだんの彼は庭いじりの好きな好々爺（こうこうや）だった。暇さえあれば庭木に手を入れ、朝出かける前にじっとそれを眺めるのを何よりの楽しみにしていた。

そんな彼は、世界第二位の経済大国になったわが国の姿を、手塩にかけて育てた庭木のようにめでながら、昭和五十六年（一九八一年）十月二十八日の朝、この世を去った。享年八十二。

生前、石和町に寄贈された実家跡地は、かつての土蔵を残したまま石和小林公園として整備され、そこに建てられた小林の銅像が、彼をしのぶ数少ないよすがとなっている。

財界の鞍馬天狗

中山 素平

日本興業銀行

（写真提供＝読売新聞社）

公取委と闘い続けた
国士の中の国士

〝財界の鞍馬天狗〟と呼ばれたのが中山素平である。日本興業銀行は特殊銀行でなくなった戦後もなお、〝人材派出夫銀行〟と呼ばれ、わが国を代表する主力企業の成長、再建を通じて国家を支え続けた。それは組織としての強さではなく、中山のような一人ひとりの興銀マンの志と能力の高さによるものであった。名バンカーとして知られる、その魅力あふれる人物像に迫る。

なかやま・そへい

明治39年（1906年）東京生まれ。昭和４年（1929年）東京商科大学を卒業して日本興業銀行に入行。昭和22年（1947年）に理事に就任、昭和25年（1950年）常務に就任。戦後、GHQと交渉して興銀存続を認めさせた。昭和26年（1951年）から日本開発銀行理事として出向。昭和29年（1954年）興銀に戻り、昭和36年（1961年）頭取に就任。昭和32年（1957年）経済同友会代表幹事に就任。昭和58年（1983年）開校した国際大学理事長に就任。〝財界の鞍馬天狗〟という異名を持つ。平成17年（2005年）没。

鞍馬天狗見参！

旧興銀本店の一四階には来賓用食堂があり、筆者もしばしば利用させてもらったが、そこには中山素平が決まって座っていたという席があった。彼の好物はトンカツである。

この食堂の名物は鯛茶漬けで、これがまた絶品なのだが、九十九歳まで生きた彼が晩年近くなってもあえてトンカツを注文していたと聞いて、すでに脂っこいものは避けるようになっていた筆者は、その底知れぬパワーに圧倒されたものだ。

彼は〝財界の鞍馬天狗〟として知られる。命名者は評論家の草柳大蔵だ。

〈中山素平の印象は、背広を着た鞍馬天狗である。映画やテレビに出る鞍馬天狗が、いずれも男前で長身、痩せぎすなように、中山素平もスマートである。しかも、海運再編成・日産プリンスの合併・証券恐慌の際の日銀特融問題・新日鐵の合併というふうに、経済界に危急存亡が伝えられると、かならず姿をあらわして問題を解決する。その間の動きが迅速果敢、神出鬼没、さらに問題を解決したあと、後も振り返らずに立ち去ってゆく姿は、いよいよもって鞍馬天狗を髣髴とさせる〉

（『文藝春秋』昭和四十五年七月号「財界の鞍馬天狗・中山素平」）

最近の若者には〝鞍馬天狗〟と言ってもぴんとこないかもしれないが、大仏次郎の時代小説の中に登場するこの人物は、かつて何度も映画化された国民的ヒーローであった。『名銀行家列伝』に登場いただいた人たちは、みな英雄的活躍で社会の危機を救い、国家を支えてきた。だが、とりわけ中山には〝ヒーロー〟という言葉がよく似合う。それは高度成長期という、わが国の企業規模が最も拡大し、競争の場が世界へと広がっていった時代に、銀行家として可能な限りの支援を行ったそのスケールの大きさによるものだろう。長く興銀のドンとして君臨したことから権力志向の持ち主という見方もされるが、実際には〝余人をもって代えがたい〟存在であるがゆえに、社会からの引退を許されなかった結果だった。

〝そっぺいさん〟と呼ばれて愛された、彼の生い立ちから話を進めていこう。

中山素平は明治三十九年（一九〇六年）、父・金三郎、母・禎の六男一女の三男として東京に生まれた。名前に〝素〟という字を選んだのは、飾らぬ人間になれ、との願いからだったという。

中山家のルーツは長崎県島原にある。明治期に建てられた和洋折衷の〝水屋敷〟という豪邸が今も残されているが、これを建てた素平の祖父中山要右衛門はこの地方きっての豪商だった。島原で起こった地震や普賢岳噴火による荒廃からの復興、その後の干拓事業にも力を尽くしている。

合理的な考え方の持ち主で、天保の飢饉の折、周囲の金持ちは米や麦の拠出に応じたが、要右衛門は〝強欲じじい〟と呼ばれながらもそれをしなかった。その代わりに干拓工事をはじめ、老人や女性、子供に至るまで作業員として傭い、相場より高い賃金を支払った。そのほうが一時しのぎではなく長い間生活を助けてやれるからである。

父親の金三郎は、当時としては珍しく明治三十年代にボストンに留学しているインテリだった。母親の禎は長崎の豪商の家の出である。

金三郎は帰国後、兄弟三人で島原銀行を経営する一方、炭鉱開発に乗り出したが思うようにいかず、アメリカの生命保険会社の東京支配人になった。素平はこの時期に生まれている。

それでも中流以上の家庭だった中山家に影が差したのは、素平が小学校四年生の時だった。金三郎が急死したのだ。

資産の切り売りで糊口をしのいでいたが、最初のうちは生活にも余裕があり、私立の麻布中学に進学させてもらえた。片道三十分の徒歩通学を続けるうち、自然と身体が鍛えられた。そのうち野球を始め、興銀に入ってからも続けている。

そうこうするうち、いよいよ家計が苦しくなってくる。しかし勉学の道をあきらめたくはない。そこで中山は東京商科大学専門部（現在の一橋大学）に入学する。国立である上、三年で卒業できたからだ。

高瀬荘太郎ゼミに所属し、恐慌論を学んだ。卒業論文は「景気変動理論における金融中心説の一考察」。戸塚球場で東京六大学野球を見た帰り、取り付け騒ぎが起きて長蛇の列ができている銀行を目の当たりにしたことに着想したものだった。

決してエリートではなかった新人時代

昭和四年（一九二九年）、中山は日本興業銀行に入行した。

明治三十五年（一九〇二年）、近代産業の勃興期に十分な事業資金を供給するべく設立された特殊銀行である。ロンドンにおける国債の募集、ポンド建興業債券の発行に成功し、わが国初の担保付社債の受託銀行となる。社債引受業務、外資導入、証券市場の育成等、金融市場の整備を絶えず先頭に立って行ってきた。

入行した年に公開された映画『大学は出たけれど』（監督・小津安二郎）のタイトルが流行語となった。就職難は想像を絶するものがあり、興銀も隔年採用だった。これは何も珍しい話でなく、当時人気のあった南満州鉄道なども同様であった。

採用人数がまた少ない。東大からは日高輝（後の山一證券社長）ら五人、東京商科大学からは中山と川又克二（後の日産自動車社長）、慶應三人、早稲田からは早稲田実業を含めて三人、商業学校出が三人といった具合。それだけに同期のきずなは深かった。

最初の配属先は本店経理課である。

電卓がなかったこの当時、銀行員の必須科目は算盤だ。商業高校ならいざ知らず、商科大学出身者が算盤などさほど上手なはずがない。

「女子行員にバカにされたなぁ……」

と述懐しているが、それは算盤が必須でなくなった今でもさして事情は変わるまい。大学や大学院でいかに勉強を積んできても、銀行の窓口業務をするのには何の役にも立たないからだ。一方で、基本をおろそかにしては大成できない。

（こんなはずではなかった……）

という感慨を抱くのは、新入行員のほとんどが経験する通過儀礼であろう。

中山が銀行に入った頃は金解禁後のデフレ不況の真っただ中で、企業がばたばた倒産していった。昭和五年（一九三〇年）九月十一日、当時の井上準之助蔵相は興銀に企業融資を増やすよう求めたが、鈴木島吉（しまきち）総裁の慎重な姿勢に業を煮やし、彼に代わって元安田銀行副頭取の結城豊太郎（ゆうきとよたろう）を起用した。

「興銀は質屋ではない！」

が口癖だった結城は、担保に頼らず、経営者の資質と事業内容を見て融資判断をするよう大きくかじを切り、〝放漫融資〟だと批判されもしたが、不況期にこそ積極融資で企業を支えようとした。企業を支えることこそ興銀の社会的使命だという考え方は、結城が確立したものである。

中山は経理課に三年いて、預金課にまた三年いた。えてしてエリート行員は、こうした銀行の窓口事務のような部署は少し経験しただけで、さっと通過していってしまう。同期の日高輝らは、早く転勤願いを出せとアドバイスしてくれたが、中山は黙々と仕事をした。

預金課の次に、ようやく日の当たる鑑定課に配属となった。だがわずか一年で大阪支店へ、その大阪支店もまた一年で今度は福島の東北支店に配属。福島には二年いて、昭和十五年（一九四〇年）十一月、支店次長として札幌へ。ここは何とわずか四ヵ月で神戸に移る。

地方都市ばかり渡り歩く中山を見て、将来の総裁候補だと思うものは誰もいなかった。もちろん彼自身も。

その後も彼は、銀行の本流でないところであっても嫌な顔一つせず仕事に取り組んでいった。自分の得意分野だけを磨けばスペシャリストにはなれる。しかし銀行員は、いかなる局面にも対応できるジェネラリストであることを求められる。働く場所をえり好みしないことで、どんな企業の経営者にでもなれる人材に成長していけるのだ。

そして苦労を買って出た人には人望が集まり、信頼が生まれる。楽な仕事や名誉ばかり追い求める人を、周囲はよく見ているものだ。中山が広く深い人脈を築き、部下や上司からの厚い信頼を獲得できた秘密は、まさにここにあった。

わが使命ある限り――興銀解散の危機

神戸支店の次長から本店に戻って査業部次長になっていた中山は、昭和十八年（一九四三年）一月、二年間のシンガポール駐在を命じられた。

戦争初期の勝利によってわが国が獲得していた敵性財産を民間企業に払い下げるにあたっ

て、払い下げ価格を算定するのが主たる任務である。払い下げを受ける業者からは査定が高すぎると言われ、しばしば軍部も業者の肩を持ったが、中山は妥協しなかった。どんな仕事であっても真摯に取り組む姿勢は、地方勤務時代と同じである。

海外出張中、母の禎がこの世を去る。どんな仕事でも文句を言わずに取り組んだ彼も、家計の苦しい中、女手一つで育ててくれた母の死に目にあえなかったのはつらかった。

そんな中山の仕事ぶりを温かく見守っていたのが、昭和十五年（一九四〇年）に興銀生え抜きとして初めて総裁に就任した河上弘一である（後の日本輸出銀行初代総裁）。上司は見ていないようで見ているものだ。人格者として知られた河上は中山の誠実な仕事ぶりを買い、昭和二十年（一九四五年）二月、融資三部次長兼融資課長から人事部長に抜擢する。三十八歳の若さであった。

中山は期待に応え、新機軸を次々に打ち出していく。銀行内の職制を封建的な上下関係からフラットなものに変え、若手の登用を行った。特別ボーナス制度を設けて行員の励みとした。そして行内のタブーにもメスを入れる。

当時、工藤昭四郎調査部長（後の復興金融金庫理事長）と栗栖赳夫証券部長（後の興銀総裁、大蔵大臣）という超大物二人が長期にわたって同じポストにあり、派閥的勢力を誇示し合っていた。中山は彼らを異動させ、行内派閥を否定するメッセージを送ったのだ。誰も手を触れられなかった人事にメスを入れられたのは、河上頭取の全面的な信頼があったからこそであった。

そして終戦を迎える。河上は自らの総裁辞任と役員の一新を考えた。この時、中山は人事部長である自分も総裁に殉じるべきだと申し出たが、河上に説得され思いとどまった。

昭和二十一年（一九四六年）三月、新設された調査部の初代部長に就任。調査という名がついていたが企画セクションであり、GHQとの交渉を通じて戦後の興銀のあるべき姿について検討する役割を背負っていた。

国家が戦争をしている時、それに協力するのは当然の責務だ。興銀は戦争遂行にあたって大きな役割を果たしてきた。そういう意味では、GHQが言うところの〝戦犯〟にあたるかもしれない。だが戦争に敗れて復興を目指そうとしている今、それを支えていくのもまた興銀の役割であるはずだ。中山は興銀の存亡をかけてGHQとの交渉の席についた。

この時の彼の発言として有名なのが、

「五十年先には日本の金融も直接金融になるだろう。それで興銀の使命が終わるのは日本にとって良いことだ。しかし、それまでの間は我々が担わなければならない」

というものだ。

社債や株式のように企業が直接市場から資金調達を行う直接金融が主流になれば、興銀が市場を仲介して企業に長期資金を供給する必要もなくなるだろうが、それまでの間は興銀の存在意義は十分あると主張したのだ。

復興のための長期融資を主に取り扱う特殊銀行として復興金融金庫が別途創設されはしたものの、中山の奮闘のかいあって、興銀は従来の政府全額出資の特殊銀行から普通銀行に転換することを条件に存続が認められる。

昭和二十一年（一九四六年）八月、中山は復興金融部長として復興金融金庫設立の支援にあたり、昭和二十二年（一九四七年）六月には理事に昇格。七月に再建準備室長となり、興銀を普通銀行へと改組する手続きに取り組んだ。

そして昭和二十五年（一九五〇年）四月一日、日本興業銀行法は廃止されて普通銀行に転換する。同月二十五日付で役職名も変わり、総裁は頭取に、理事は常務となった。

欲のない男

昭和二十六年（一九五一年）四月上旬の昼下がりのこと、復興金融金庫に代わって設立される日本開発銀行の初代総裁に内定していた小林中（こばやしあたる）が、興銀本店に川北禎一（かわきたていいち）頭取を訪ねてきた。ちなみに川北は元日銀副総裁である。興銀生え抜きだった栗栖赳夫総裁が昭電疑獄で逮捕されて以来、総裁は再び大蔵、日銀出身者に戻っていたのだ。

「おたくの中山君を開銀に出してもらいたい」

すでに〝興銀の中山〟の名は知られている。開銀運営にあたって、小林は彼を軸にしようと考えていた。しかし、川北は川北で中山は自分の後継者だと思っている。即座にダメだと突っぱねた。

だが、おいそれと引き下がる小林ではない。中山本人を口説き落とし、本人は了解済みだと再度迫った。頭取の椅子を棒に振りかねない決断をした中山に、

「君は欲がない人だね」

と、川北はあきれ顔だった。

「経営者や後継者の条件にはどのような時代にも共通したタブーがある。それはなりたが

る人を社長にしたらダメということです」

中山はそう口癖のように言っていたというが、それは自らそういう生き方をしてきたということでもあった。

当初、小林は中山を副総裁にと考えていたが、その案は日銀の一万田尚登総裁につぶされ、次に考えた筆頭理事のポストも大蔵省の横やりで潰え去り、ヒラの理事となる。開銀では興銀時代より月給が減った。それでも中山は文句を言わなかった。命じられるままに仕事をするのみという気概だった。

右腕と恃んでいた正宗猪早夫と竹俣高敏を興銀から連れていった。正宗は四年後輩にあたり、後に中山の後継頭取となる。竹俣は興銀の戦後の審査方法を確立したと言われる審査のプロだ。

小林が自由にやらせてくれないなら一戦交えて出ていくだけだという覚悟だった。ところが逆にぞっこん惚れてしまう。特に小林のＧＨＱとのやり取りには、彼らと渡り合ったことのある中山でさえ圧倒されるような迫力を感じた。

開銀融資案件で有名なのが、川崎製鉄に対する千葉新工場建設資金の融資である。竹俣は複数の技術アドバイザーからとったデータを詳細に分析し、融資するべきだと上申した。

ところが八幡製鐵や富士製鐵への遠慮もあってか、古巣の興銀が協調融資に応じず、開銀の単独融資となる可能性があった。そうなるとリスクも大きくなる。役員会で賛成したのは中山ただ一人だった。そんな中、小林は融資に踏み切る決断を下す。彼はほかの役員でなく、中山を信じたのだ。

政府資金の融資なので日銀の承認が必要だったが、大型融資はインフレを助長するとして日銀は猛反対した。一万田総裁が川崎製鉄の西山弥太郎(にしやまやたろう)社長に向かって、

「もし新工場建設を強行したら、ぺんぺん草を生やしてみせる」

と言ったという伝説が残っている。

だが通産省が味方についてくれたこともあって、無事融資が決まり、昭和二十六年(一九五一年)二月、千葉工場は完成する。最新鋭の高炉稼働は先行する製鉄各社を刺激し、いい意味での相乗効果を生んでいった。

中山は昭和二十七年(一九五二年)十一月、関西電力、中部電力、九州電力三社の借款(しゃっかん)交渉を行うために渡米した。ワシントン輸出入銀行との交渉は難航し、半年もアメリカに滞在することになる。その疲労も出たのか、昭和二十八年(一九五三年)秋から約半年間、肺浸潤(はいしんじゅん)で入院するはめになった。

この頃、興銀内部で〝そっぺい待望論〟が出始めていた。役員陣の弱体化に対して若手が危機意識を抱き始めたのだ。開銀で倒れるまで働いただけに悔いはない。小林に興銀に戻りたいと切り出したのは、昭和二十九年（一九五四年）、連休明けの五月六日木曜日の夕刻のことだった。小林は当初難色を示したが、四ヵ月後の九月二日、開銀理事を辞任させてくれた。

興銀の定時株主総会は十一月だが、九月二十九日に臨時株主総会が開かれ、中山は取締役に選任され、総会後の取締役会で副頭取に就任。彼のために総会を開いたようなものである。正宗と竹俣もしばらくして興銀に復帰した。

問題は解決するために提出される

昭和三十六年（一九六一年）、満を持して興銀頭取に就任する。五十五歳という若さであった。一四年ぶりに生え抜きのトップが誕生したことになる。

前頭取の川北には取締役相談役に就任してもらった。自らの若さを考慮してのことであった。取締役と相談役の兼任など前代未聞だったが、彼はこれに固執した。常務にはあの正宗と竹俣も入っている。

上司だからとエラそうな振る舞いはなく、自由に発言させるのは頭取になっても変わらない。部下が陰で自分のことを〝そっぺい〟と呼び捨てにしていることなど承知の上だ。中山が頭取になると、役員会での議論も格段に活発なものになった。

新頭取の最初の課題は海運再編成である。

海運不況解決は政府の交通部会でも再三議題になっていたが、出てきた法案は開銀利子の五〇％カットという中途半端なものであった。政府も民間も一緒にもっと身を削ろうと彼は説得して回る。結局、最初の海運再建法案は廃案となり、新たに海運再建二法が成立。海運業界を六社に再編成し、競争力を高めるという荒療治が施された。実際にはさらなる再編が必要であったが、現状の厳しさを十分認識させることができた。

問題は海運にとどまらない。この頃は、あらゆる業態で戦後の高度成長のツケが回ってきた時期にあたり、彼が頭取の間にこれでもかと問題が降ってわいてくる。その最大のものが山一證券の経営悪化だった。

山一の経営悪化を興銀は事前に把握していた。中山が特に問題視していたのは、投資家に金利を払って、興銀が発行する金融債などを証券会社が預かる〝運用預かり〟という制度の存在である。山一はそうして預かった金融債などを担保にして資金を調達し、事業資金に充てていた。山一がもし破綻したら、本来投資家のものであるはずの金融債は差し押さえられてしまい、大問題に発展する。

中山は同期の日高を山一の社長として送りこんだが、事態はあまりにも早く動いた。日高の就任からわずか半年で、西日本新聞が山一の経営悪化をスクープし、これを発端として運用預かりや投資信託の解約が殺到。山一は資金繰りの危機に瀕した。

金融システム全体を揺るがしかねない状況に、昭和四十年（一九六五年）五月二十八日、大蔵省、日銀、取引銀行の首脳が日銀氷川寮（ひかわ）に緊急招集され、救済方法を協議することになるが、なかなか結論が出ない。

遅れてやってきた田中角栄蔵相はしばらく議論を黙って聞いていたが、田実渉（たじつわたる）三菱銀行頭取が、

「取引所を二、三日休業して、その間に対策を練りましょう」

と、市場に冷静さを取り戻す時間を与えようとした言葉尻をとらえ、

「なんだ、おまえは！　それでも大銀行の頭取か！」

と、九歳も年上の田実を大声で怒鳴りつけた。そんな悠長なことを言っている場合ではな

いだろうというのだ。これは田実をダシに使った彼独特の芝居だった。作戦はずばり当たり、最後の切り札とも言うべき日銀特融を実施することが驚くほどすんなり決まった。

中山は、これが政治家のすごみかと脱帽し、これをきっかけに深い親交を結ぶ。田中は意外にも財界人とのつながりが少なく、むしろ小佐野賢治のような政商との付き合いで資金を作っていた。乱暴な政治資金の作り方をするというので敬遠する人も多かったのだ。

だが中山は、小林中や田中清玄などといった、いわゆるフィクサータイプの人との付き合いを避けなかった。どんな人とも付き合うので〝ダボハゼ〟と呼ばれたが、世評ではなく自分の物差しで付き合っていただけのこと。彼のディープな人脈は、ここぞという場面でしばしば役立った。

山一問題が起こった昭和四十年（一九六五年）には、証券市場を安定させるべく株式買い上げ機関「日本共同証券」を設立している。三菱銀行の宇佐美洵（後の日銀総裁）、富士銀行の岩佐凱実とともに推進したものだ。彼らは〝金融トリオ〟と呼ばれ、強い結束で産業界の再編成をリードしていった。

市場原理がないがしろにされているという批判もあったが、中山はこう語っていた。

「放っておくと証券恐慌になる時に、市場原理、市場原理と言って恐慌にもっていくバカはいない」

中山が好んだのがレーニンの、

「問題は解決するために提出される」

という言葉だ。興銀による産業支配だと批判されることもあったが、

「けしからんもくそもないんですよ。ほっといたら日本という国がつぶれる。問題を解決するためには、これくらいの態度でやらなきゃダメだ！」

と意に介さなかった。

そして行員を再建企業に送り出す時、

「おれは若い頃、どんなポストでも文句を言わずに働いた」

というのが殺し文句となった。それは興銀の良き伝統となり、世間から〝人材派出夫銀行〟と呼ばれるようになっていく。

昭和四十一年（一九六六年）の日産自動車とプリンス自動車の合併にも尽力。両社が合併に合意した後、筆頭副社長人事や合併比率の問題で、中山と興銀同期の川又克二日産自動車社長が強気の発言を繰り返し、調整が難航した。これを桜内義雄通産大臣や〝ミスター通産省〟佐橋滋事務次官をも巻き込んで何とか解決する。

財界の支援の下、独立系シンクタンクとして設立された日本経済調査協議会は、昭和四十一年（一九六六年）七月、「わが国産業の再編成に関する長期専門委員会」を設置し、中山がその委員長に就任する。このいわゆる中山委員会は、「鉄鋼、合成繊維、自動車、石油精製などの産業は、国際競争力を高めるためにも二、三のグループに集約されるべきだ」という大胆な提言を行って反響を呼んだ。

公取委に挑戦し続けた鞍馬天狗

そんな中、大型合併の先駆けとなった新日本製鐵誕生は、中山の存在抜きには語れない。過度経済力集中排除法で旧日本製鐵が分割されてできた八幡製鐵と富士製鐵をもう一度統合しようとしたのだ。

この時、学界から猛反対が出た。近代経済学者九〇人からなる独占禁止政策懇談会（代表者・館龍一郎（たちりゅういちろう）東大教授）は、この大型合併は成長活力を失わせるという趣旨の意見書を発表。発起人の一人である小宮隆太郎（こみやりゅうたろう）東大助教授は、

「このような意見書を出すのはよくよくのことです」

と述べて警鐘を鳴らした。小宮はこの合併が興銀主導であることを見抜き、中山が〝低能呼ばわりされた〟と不満を漏らすほど辛辣に批判した。

「興銀は八幡、富士向けの貸し出しが多いから、合併することによって興銀の負担を小さくできる家庭の事情があるのではないか」

などといった小宮の意見はマスコミにも大きな影響を与えた。

さらに大きな障壁が公正取引委員会だった。

当時の通産大臣は大平正芳。大臣は合併に理解があったことから、中山は山田精一公取委委員長と大臣の会談をセットし、財界挙げての支援を受けてこの壁を乗り越え、中山が頭取を辞任した後の昭和四十五年（一九七〇年）三月、無事合併が行われる。

公取委にとっては手痛い敗北であり、山田委員長は合併直前に辞任している。現在、この合併は失敗どころか大成功だったことがわかっているが、公取委の恨みは深く、この後わが国の大型合併はまったくと言っていいほど進まなかった。

一役所のプライドのために産業合理化が遅れ、各業態とも競合会社が乱立したままなのがわが国の現状だ。海外に首相がトップセールスをしにくい元凶もここにある。公取委の責任はきわめて重い。

中山が頭取辞任を言い出した時には、役員はもちろん、ＯＢを含め、みな早すぎると反対したが、彼は自らの意思を貫いた。

そして、昭和四十三年（一九六八年）、記者会見で辞任を発表する。

「六十一歳になりました。頭取業を足かけ七年やり、後継者はしぶりにしぶっていた正宗君を二年ごしに口説き続け、やっとＯＫをとりましたので、これを機会に引退することにしました」

一期二年だけ会長となった。ただし代表権のない会長である。最初の一年は、正宗が遠慮してはいけないからと、常務会にも顔を出さなかった。

頭取辞任後は、資源エネルギーと教育の問題に力を入れ、最初に引き受けたのが海外技術協力事業団（ＪＩＣＡの前身）の会長職であった。前会長の小林中に頼まれたのだ。中東協力センター理事長として中東との交流に努めたのも、エネルギー問題に資する部分があったからで、誰言うとなく〝資源派財界人〟と呼ばれるようになっていく。

昭和四十八年（一九七三年）十一月、経団連ほか財界四団体のバックアップによって設立されたエネルギー総合推進委員会の委員長に就任。インフレ抑制のための値上げ自粛などを盛り込んだ〝中山構想〟をまとめあげた。

時あたかも第一次オイルショックの真っただ中。彼は提言するだけでなく行動した。材料価格を上げないよう申し合わせをした産業界に、カルテル容疑をかけないよう公正取引委員会に申し入れを行ったりもしている。公取委にとって、中山は目の上のこぶであり続けた。

鞍馬天狗は維新の志士たちの危機に登場し、新撰組の繰り出す白刃から彼らを守った。中山にとって志士が企業なら、公取委はまさに新撰組であったと言えよう。

晩年は新潟県南魚沼市に創立された国際大学の初代理事長として、その発展に力を注いだ。同校は授業をすべて英語で行う日本初の大学院大学である。彼は同校特別顧問のまま、平成十七年（二〇〇五年）十一月十九日、肺炎による心不全で逝去した。享年九十九。これはもう天寿としか言いようがない。

財界四天王の一人である水野成夫（みずのしげお）（産経新聞元社長）の、

「彼は銀行家だから算盤をはじく。が、彼のはじく算盤のスケールは大きい。興銀としての算盤も無論はじくが、国としての、経済界全体としての立場を忘れない」

という中山評は正鵠（せいこく）を射ている。本業もしっかりせずに財界活動ばかりしていては、勲章ほしさゆえの売名行為と思われても仕方ない。そんな中山は、人間の値打ちを役所に決められるのには抵抗があるといって叙勲を断っていた。

そして中山が興銀課長時代から親交を持っていた田中清玄の、

「中山はバンカーでもなく、単なる産業の指導者でも、財界の指導者でもない。もう一歩出て、数少ない民族指導者である」

という言葉は、右翼の大物と呼ばれた田中からすれば最大限の賛辞だったはず。

まことにうらやましい、充実した銀行家人生であった。

向こう傷をおそれるな！

磯田　一郎

住友銀行

（写真提供＝『週刊金融財政事情』）

最強の住友軍団を
築き上げた男の栄光と挫折

これほど魅力的な銀行家がほかにいるだろうか。人情を解すること誰よりも深く、部下を鍛えること誰よりも厳しく、企業を愛することと誰よりも深かった。彼は守りに入ることなく攻め続け、金融史上最強の住友軍団を築き上げる。本来なら、世の尊敬を一身に集め、名声に包まれた晩年を過ごすはずだった彼の人生は、どこで歯車が狂ってしまったのか……。銀行が信用を失うのは実に容易である。栄光の座についていた時の輝きがまぶしかった分、磯田一郎が我々に示す闇は深い。

いそだ・いちろう

大正2年（1913年）京都生まれ。昭和10年（1935年）京都帝国大学卒業後、住友銀行に入行。昭和35年（1960年）取締役、昭和48年（1973年）副頭取、昭和52年（1977年）頭取、昭和58年（1983年）会長に就任。昭和61年（1986年）経団連副会長に就任。安宅産業、東洋工業（現在のマツダ）、アサヒビールなどの再建に携わる。頭取就任から四年で都市銀行で収益トップにする。他方、イトマン事件などの不祥事により、銀行を私物化した最悪の銀行経営者であるという批判の声は多い。平成5年（1993年）没。

名銀行家(バンカー)列伝の〝外伝〟として

筆者が富士銀行に入行したのは、ちょうど住友銀行との間で〝FS（富士VS.住友）戦争〟と呼ばれる熾烈な収益競争を展開していた時だったが、いつも勝つのは住友と決まっていた。それはそこに磯田一郎という実力会長がいたからである。

人情味があつく〝浪花節の磯田〟と呼ばれる一方、〝向こう傷をおそれるな〟という名言で行員を鼓舞した彼は、数々の企業の再建に成功。住友銀行を最強の銀行に育て上げた。その魅力あふれる人柄に、ライバル行の会長ながら強い憧れを抱いたのを思い出す。

名声を独り占めにしている感さえあったが、イトマン事件で銀行を私物化していたことが発覚するや否や、一転して猛烈な世の批判にさらされ、住友銀行の汚点として闇に葬られた。

筆者は新入行員時代、先輩から、

「銀行には満点以外零点しかない」

と教えられた。本書で何度も繰り返しているように、銀行は信用が命である。彼の場合、モラルの問題がからんでいるだけに復権のしようがない。住友銀行の栄光の歴史の恥部として、今はもう彼の功績に触れようとする人はいない。

だがそれでもなお、銀行が守りに入って攻めを忘れている今、磯田一郎という人物のプラスの面に学びたいという思いが筆者にはある。晩節を汚したことでそのすべてを否定してしまうには惜しいほど、この人物の栄光の時代は我々に多くの示唆を与えてくれる。

そこで彼を本書の〝外伝〟として取り上げることにしたい。

ラガーマンとして培った突進力とチームプレイの精神

磯田一郎は大正二年（一九一三年）一月十二日、京都府北部の舞鶴（まいづる）において磯田家の長男として生まれ、後に岡山で育った。

磯田家はもともと熊本の細川家に仕えた武士の家柄で、父・敏祐（としひろ）は海軍軍人。舞鶴で生まれたのは、ここが当時軍港だったからだ。母・チカツルは内気で優しい性格。磯田は母親に叱られた記憶がなかったという。

磯田が岡山一中の一年生の時に父親が亡くなると、一家は親戚を頼って神戸に出たため神戸二中に転校。その後、三高、京都帝国大学法学部へと進んだ。

三高、京大と、学生時代をラガーマンとして過ごした。身長は一七五センチと大柄な上に一〇〇メートル一一秒二三という駿足を誇り、〝京大に磯田あり〟と言われた。当時は京大ラグビー部の黄金期で、彼が四回生の時、常勝の王者・明治に勝って日本一の座についている。

「あの時、明治との一戦に敗れたら、留年してもう一度、日本一の座を争おうと思っていた」

そう述懐しているほどラグビーに打ち込んだ。彼がよく口にした〝フォア・ザ・チーム〟という言葉は、まさにラグビー精神からきていたのだ。勉強などする暇がなく、試験になると友人からノートを借りて一夜漬けというのがいつものパターンだったが、不思議と成績は良かった。

昭和十年（一九三五年）に京大を卒業した磯田は住友銀行に入行する。不景気な時代だけに同期で本社採用の大卒はわずか一〇人。京大法学部で住友銀行に入ったのは彼一人だった。

若い頃の磯田は出世競争において同期に差をつけられていた。入行時は三等職員で、九年目に同期トップが二等職員となるのだが、磯田にその発令は下りなかった。こんな早い時期に出世が遅れたのは、同期で一人か二人しかいなかったという。

その理由は、入行後もラグビーに熱を上げていたからである。入行後三、四年まではオール関西のメンバーにも選ばれた。

ただ入行七年目に調査部に配属されてからはよく勉強するようになる。機屋（はたや）に行って音を聴けば、それがどこの機械で、この回転数なら利益はこのくらいかと見当がつくほどだった。

軍隊生活三年のブランクはあったものの、実に十二年の長きにわたって調査部に在籍することとなり、調査部を転出してからはスピード出世をしていく。大阪・高麗橋支店長、審査第二部長、人事部長を経て昭和三十五年（一九六〇年）には取締役、昭和三十八年（一九六三年）に常務、昭和四十三年（一九六八年）に専務、そして昭和四十八年（一九七三年）には副頭取に就任する。

〝やせ我慢〟を通じた人材育成

磯田の強さは、〝我慢〟できるところにあった。どうしても口を出したくなる時に黙っていることができる。部下が失敗しても、それが前向きなものなら成功するまで待ってやれる。彼はこれを〝やせ我慢〟だと言って笑ったが、なかなかできることではない。

たとえば峯岡弘（みねおかひろし）などは、彼の〝やせ我慢〟のおかげで専務にまでなれた人材である。東大法学部の学生だった峯岡は、就職活動中にたまたま昼食をごちそうになったのが運のつきで、第五志望だった住友銀行に強引に入行させられた。

東京勤務だと思っていたら最初の勤務地は大阪の高麗橋支店。住友銀行の中では名門支店だったが、耳慣れない地名にとまどった。おまけに、彼に与えられたのは封筒の宛名書きなどの単純作業。入った年の暮れにはすっかり嫌になって、ある週末、辞表を出した。

この時の支店長が磯田だったのだ。磯田は辞表を黙って受け取ると、彼を食事に誘った。峯岡は当然慰留されるものだと思って身構えたが、磯田は一切その話に触れず、寿司屋の後で行ったバーでもママを相手に馬鹿話をするだけで、ついに辞表の件については一言もないまま帰された。

人間の心理というのは面白いもので、

「優秀な君にはみんな期待しているんだ」

などとすりよってこられたら、生意気盛りの峯岡は鼻で笑ってそのまま辞めていただろう。ところが、何にも触れられなかったために毒気を抜かれ、何と週明けの月曜日、いつものとおり出勤してしまうのだ。

おまけにその日も、磯田は峯岡がいるのをちらりと横目で見ただけで何も言わず、結局そのまま辞表はうやむやになってしまった。

峯岡はその後、同期トップを独走し、昭和四十七年（一九七二年）には東京経理部長に就任する。そしてある日、東京本部の廊下で磯田とすれ違った際、

「まだ銀行におるつもりか？」

と言われ、この人がいたからこそ今日の自分があるのだと改めて実感していた。

〝逃げの住友〟から〝攻めの住友〟へ

かつての住友銀行は、経営悪化した会社から融資を引き揚げる素早さで知られ、誰言うとなく〝逃げの住友〟と呼ばれていた。トヨタ自動車が戦後すぐに経営が悪化した際、いち早く融資を引き揚げ、それ以降、トヨタの敷居を跨がせてもらえなくなったことはつとに知られるところだ。

磯田はその体質を〝攻めの住友〟に変えていった。経営悪化した主要取引先に関しても、逃げずにがっぷり四つに組んで再建に取り組んだのだ。興銀の中山素平は〝大蔵省大手町出

張所〟と言われるほど大蔵省との蜜月関係を築き、上手に公的資金を引っ張ってきて再建を行ったが、住友銀行は多くの場合、独力で再建を行った。

東洋工業（現在のマツダ）がいい例だ。イギリスのブリティッシュレイランドも、フランスのルノーも国家が全力で支援したが、住友銀行は一銀行でそれをなし遂げようとしたのだ。

当時副頭取だった磯田が東洋工業再建にあたったのは、昭和四十九年（一九七四年）夏のことである。金融面の支援だけでなく、経営全般の体質改善が必要だと判断した彼は、本店支配人だった花岡信平(はなおかしんぺい)を派遣し、取締役として輸出部門を担当させて過剰在庫の一掃を図った。

周囲は同期トップの出世組である花岡が、東洋工業に出向すると聞いて一様に驚いたという。出向と言えば一線級ではないという烙印(らくいん)だと思われていたからだ。

「君には債権保全のためではなく、再建のために行ってもらう。いい会社にしてくれ。二年後には必ず帰す」

部下を送り出す時に磯田がかけるこうした言葉が、彼らを感動させたり、奮起させたりした。花岡もまた磯田の期待に見事応えた。そして約束通り二年で住友銀行に戻ってきた。花岡は、出向を出世の階段とする磯田独特の人事の第一号となったのだ。

昭和五十年(一九七五年)一月には東洋工業問題を専門に扱うための融資第二部を設置し、巽外夫常務を部長として支援体制を強化。昭和五十一年(一九七六年)一月には村井勉常務(後の副頭取)を副社長として派遣。さらにその後、役員、部課長クラスへの派遣を増やして、多い時には村井以下九人を数えた。そしてフォードとの提携などによって見事再建に成功する。

花岡は復帰後、本店企画部長として関西相互銀行との合併工作を担当した。ところが、これは関西相互銀行の行員の反対もあって失敗してしまう。

辞表を出す覚悟を決め、すでに頭取になっていた磯田の前に出たが、報告を聞き終わるとただ一言、

「そうか、仕方ないな」

と言っただけであった。

磯田は、失敗した花岡の〝向こう傷〟を問わなかったのだ。苦労させた部下の骨は必ず拾う。そうしなければ、失敗をおそれ保身に走る。彼らの能力を最大限に発揮させるには、〝向こう傷をおそれるな〟という上司の言葉が絶対に必要だというのが磯田の信念であった。

その後、花岡は副頭取となっている。それは磯田の恩に報いるため、必死に働いたせいで

もあった。まさにこれが磯田の人事の妙である。懲罰人事の代わりに、逆に重責を与えて捲土重来を期させたのだ。

丸の内支店長時代、吉野家の倒産で一〇億円を超す焦げ付きを出した江口浩一も、格上の銀座支店長に栄転となった。左遷を覚悟していただけに必死に働き、江口もまた取締役にまで昇進している。

磯田は人を育てるため、意図的に〝修羅場〟を作った。修羅場をくぐらないと人材は育たない。ある大蔵省OBが、別の大蔵官僚の再就職先として住友銀行に引き受けを頼んだところ、こう言われたという。

「当行では、役員といえども厳しく競わせるので、もし入社することになったら、かえって当人が気の毒ですよ」

住友銀行の厳しさはかくも伝説的であったが、福利厚生は厚かった。退職互助会を組織して医療費を補助する退職者医療保険制度や家族年金制度などを、都銀の先陣を切って導入している。

退職者は希望すれば一〇〇％定年後の職場を得られたし、第二の職場が合わずに退職しても、何度でも本人の希望と合致するまで次の職場を世話してもらえた。人事部長の仕事の半分は、銀行ＯＢの再就職の世話だと言われたほどだ。

住友銀行を円満に退社すれば、退職後もまったく生活の心配をする必要はない。だから現役の間は必死に働けるわけである。

ドブに捨てた一〇〇〇億円

磯田の前に立ちはだかった最大の試練が、経営の悪化した安宅(あたか)産業の処理問題であった。当時の日本を代表する十大商社の一角だったが、オイルショックのあおりを受けて倒産寸前に追い込まれた。

安宅産業の問題が一般に知られたのは、昭和五十年（一九七五年）十二月七日の毎日新聞のスクープによってである。「関係五行『米国安宅』に救済措置　今週五〇億円送る」という大見出しの横の「原油代金回収できず六〇〇億円こげつき」というサブタイトルが、もうこの会社は立ち直れないことをはっきりと告げていた。

住友銀行がこの事実をつかんだのはスクープの三ヵ月前で、十月上旬には簡野(かんの)孝(たかし)副頭取以下の対策チームを立ち上げ、徹底調査したところ単独再建が不可能であることが判明した。堀田庄三会長は事態の深刻さにかんがみ、それまで東洋工業の再建に取り組んでいた磯田を、十二月二日、安宅産業問題の特別チームの統括責任者に据えた。

負債総額が一兆円、関連会社を含め従業員が二万人もいた安宅産業が倒産すれば日本の商社や銀行の信用は失墜する。

（安宅はつぶせない！）

磯田は腹をくくった。

堀田は十九年もの長きにわたって頭取を務め、〝堀田天皇〟とも〝法王〟とも呼ばれていた住友銀行〝中興の祖〟だが、その堀田会長でさえ安宅産業処理を住友銀行が主導することには懸念を示した。だが、伊部恭之助（いべきょうのすけ）頭取と磯田は、果敢に救済合併の道を探っていく。

合併候補として、住友銀行と親しい住友商事と伊藤忠商事の名が挙がった。合併の最大の売りは、安宅が握っていた新日鐵との取引関係（商権）である。だが住友商事は、同じグループ企業である住友金属の商権をすでに持っている。そこで鉄鋼関係の商権の少ない伊藤忠商事に救済合併してもらう方向へとかじが切られた。

伊藤忠側の交渉相手は、かつて関東軍や大本営作戦参謀だったことで知られる瀬島龍三（せじまりゅうぞう）。そのタフネゴシエーターぶりには何度も泣かされたが、幾多の試練を乗り越え、昭和五十二年（一九七七年）十月一日に安宅産業は伊藤忠と合併することが決まり、住友銀行は安宅向け融資一一三一億円を放棄することとなった。

そして、この年の六月、磯田は頭取に就任する。

「一〇〇〇億円をドブに捨てたようなものだ」

頭取就任の記者会見で思わずそう口にして物議をかもしたが、愚痴を言いたくなるほど厳しい状況での船出だった。

この頃の住友銀行は、預金量こそ富士や三菱銀行に及ばなかったものの、昭和四十一年（一九六六年）以降、利益（経常、営業、当期）に関しては都市銀行一三行中第一位の地位をほとんど譲らない高収益銀行に成長していた。ところが安宅問題によって、この年の収益は一気に八位へと転落する。

頭取就任の翌日、全役職者一万六千人に向けて流した音声メッセージの中で、

「安宅問題で受けたダメージを克服し、再び栄光の座を取り戻すことこそ、頭取としての自分の使命である」

と語った。

その思いは職員（住友銀行では行員という言葉はあまり使わず〝職員〟と呼んでいた）の心に

届く。住友銀行はわずか一年で〝利益三冠王〟に返り咲いたのだ。安宅問題は深い傷跡を残したが、〝攻めの住友〟に変貌し、より強い組織へと脱皮を果たしていく契機となる。

マッキンゼーによる組織見直し

住友銀行の役員会は、磯田が頭取になるまではいたって静かだった。案件はあらかじめ根回し済みであり、頭取が了承しているものに役員会で異を唱えるのには勇気がいる。そのため自然と静かになったのだ。これに不満を持った磯田は根回しを禁止し、役員会を議論を戦わせる真剣勝負の場に変えた。

彼はそれだけで満足しなかった。安宅問題の暗い影を払拭（ふっしょく）し、行内に清新の風を送り込んでいくことを考えたのだ。頭取に就任した翌年（昭和五十三年）、アメリカのコンサルティング会社であるマッキンゼーに、経営戦略に関するコンサルティングを依頼することを決め、四月から具体的作業に入る。当時としては画期的な出来事であった。

その報告結果を受け、昭和五十七年（一九八二年）七月、総本部制が導入される。従来、スタッフ、ラインを含め二三の部が横並びになっていた職能別組織を根本からひっくり返し、ライン、スタッフ各三、計六総本部制とし、総本部長に副頭取、専務をあて、彼らに青天井の決裁権限を与えて迅速な意思決定を可能にした。全行員約一万八〇〇〇人のうち、実に一五〇〇人を異動させる大改革である。

それまでは大きな案件だとハンコが何十と必要だったのが、総本部長と関係スタッフの判断だけですむようになった。

旧態依然とした文化や組織形態を持つ銀行がほとんどだった中で、住友銀行の組織の先進性は突出したものとなった。まねをしてマッキンゼーにコンサルティングを頼む企業が後を絶たず、日本支社長だった大前研一の名前もそれにつれて世に出ていった。

総本部制の売りは大幅な権限移譲だったが、全体の経営を左右する案件を独断で行う総本部長などいない。磯田の求心力はまったく落ちなかった。

機動性が増した分、リスクチェックは甘くなったが、当時はバブルの入口にさしかかっており焦げ付きが少なかったため、攻める力が強ければ強いほど高収益案件を獲得することにつながる。磯田時代の住友銀行は、収益力という意味で、まさにわが国最強の銀行だった。

日本を代表する銀行家として

世界からも注目され、昭和五十七年（一九八二年）、金融界で最も権威のあるアメリカの国際金融誌『インスティテューショナル・インベスター』から〝バンカー・オブ・ザ・イヤー〟に選出された。磯田の最高の晴れ姿である。六年間の頭取職の最後を飾るにふさわしいものだった。

そして昭和五十八年（一九八三年）十一月、新頭取に小松康（こまつこう）を指名し、自らは会長に就任する。

小松は安宅産業に社長として出向し、再建のために粉骨砕心してきた。住友銀行の頭取の座は、エリートとして温室で育った人間でなく、大きな壁を乗り越えてきた人間こそふさわしいということを世に示したのだ。磯田の得意や思うべしである。

しかし問題は、小松が頭取になった後も、自分が最高権力者であり続けようとしたことである。そこには平和相互銀行との合併問題がからんでいた。

住友銀行が日本を代表するトップバンクになろうと、磯田が〝バンカー・オブ・ザ・イヤー〟に選ばれようと、彼は全銀協会長にはなれなかった。三菱、三井、富士、第一勧銀という、東京をベースにした四銀行で会長行が持ち回りになっていたからである。同様に経団連に関しても、会長はおろか副会長にもなれなかった。

財閥系銀行であるにもかかわらず、住友銀行が〝大阪の銀行〟と呼ばれたゆえんである。これに対し磯田は〝東上作戦〟と銘打ち、住友銀行を〝大阪の銀行〟から全国区の銀行へ変貌させようとする。

そのための重要な布石と考えたのが、昭和六十一年（一九八六年）二月十五日に発表された平和相互銀行との合併であった。

この当時、銀行の店舗開設は大蔵省の許可制であり、容易に増やせない。平和相互銀行が首都圏に持っていた一〇一店舗（合併発表時）は大きな魅力だった。

それまで住友銀行が首都圏に持っていた店舗数は一〇七。合併後は、それが一挙に二〇八となる。そうなれば東京系である富士銀行の一八四店舗や三菱銀行の一九三店舗を抜いて、第一勧業銀行の二二六店舗にあと一歩と迫る。磯田の悲願である〝東上作戦〟の総仕上げにふさわしいものであった。

ところが、その平和相互銀行との合併に小松は反対する。平和相互銀行の店舗は小規模なものが多く、都銀の店舗としては使えないものばかり。おまけに問題のある貸出債権が多かったからだ。

だがそのことは磯田の逆鱗に触れ、小松は二期目の任期満了を二ヵ月残し、昭和六十二年（一九八七年）十月に頭取を解任されてしまう。誰が住友銀行の最高権力者であるかを、世間が思い知った事件だった。

ワンマン体制になった時、その権力の頂点に立つ者の人間性が問われる。〝権力は腐敗する、絶対的権力は絶対的に腐敗する〟というアクトン卿の有名な格言があるが、自分の意のままに組織が動き、周囲に茶坊主が増えてもなお、自分を厳しく律していられる人間は少ない。磯田一郎も例外ではなかったのだ。

この時、磯田の腹心の一人で元常務だった伊藤萬（平成三年、イトマンと社名変更）の河村良彦社長が平和相互株の譲渡に大きくかかわって株を上げていた。河村はオイルショック後、経営悪化していた伊藤萬を短時日のうちに再建した敏腕家でもある。

磯田には河村ともう一人、西貞三郎という副頭取がべったりと張りついていた。この河村と西は、都銀の役員としては珍しい商業高校出身者である。磯田からすれば、実力主義で学歴がなくても昇進できる象徴として二人を取り立てたのだろうが、彼らはあまりに露骨にゴマをすり続け、磯田も気をよくしてしまっていた。

そうしたことは、順風が吹いている間は問題とならない。昭和六十三年（一九八八年）以降、日本が空前の好景気に突入していく中、スイスのゴッタルド銀行（プライベートバンク）の買収、米国投資銀行ゴールドマン・サックスへの資本出資など、住友銀行の勢いはとどまるところを知らなかった。

しかし、〝バブル〟と茶坊主たちに囲まれていたことからくる気の緩みが、磯田の運命を大きく狂わせていくのである。

栄光からの転落

磯田は入行五年目にラグビー部仲間の妹・河村梅子と結婚。男女二人の子供に恵まれていたが、とりわけ長女の園子を目の中に入れても痛くないほどかわいがっていた。

その園子はセゾングループ系の高級美術品・宝飾品販売会社ピサで嘱託社員として働いていた。そして平成元年（一九八九年）十一月頃、彼女は伊藤萬の河村社長に、ピサが買い付けを予定していたロートレック・コレクションの絵画類を買ってもらえないかと持ちかけた。

伊藤萬が買ってくれるなら、ピサはノーリスクで右から左へ転売し、利ザヤを稼げる。当然その一部は園子に成功報酬として入ってくる仕組みだ。磯田は河村を自宅や六本木のカラオケバーに呼び出し、園子の取引に対し、格別の配慮をしてほしいと依頼している。

これがきっかけとなって、その後、河村は闇社会にうごめく人脈との関係を深めていくところにイトマン事件のおどろおどろしさがあるのだが、あまりに複雑なのでここでは省略する。ただ雪だるま式に増えていった絵画取引は、伊藤萬に巨額の損害を与えた（大阪地検は三四七億五〇〇〇万円の損害と指摘）。

河村から磯田への便宜供与はそれだけではなかった。磯田は大阪の豊中に豪邸があり、東京では頭取、会長用の社宅に住んでいたが、会長を退いた後は娘と同じマンションに住んで悠々自適の生活を送ろうと考えたらしく、東京世田谷に自分と園子夫妻名義で二戸の高級マンションを所有していた。その空室未使用のマンションを、伊藤萬系列のビル管理会社は社宅として法外な家賃で借り上げていたのだ。

河村が伊藤萬に与えた損害は特別背任罪として立件され、イトマン事件としてマスコミでも大きく取り上げられた。そして磯田の公私混同も明るみに出て、大きな批判にさらされた。

「私心があってはいかん。周りが納得しませんよ。卑しい人はトップになる資格はない」

という、かつての彼の言葉もむなしく響く。正論を吐く時は、自分自身の身を省みてせねばならないというい い見本である。

この当時、銀行トップがリタイアした後、現在では想像もできないほどの処遇がなされることは往々にしてあった。磯田の一件が発覚してから、わが身を振り返って襟(えり)を正した人は多かったはずだ。

磯田はその後もしばらく会長の椅子にしがみつき、醜態をさらし続けた。〝向こう傷は問わない〟という磯田イズムとは、〝何でもアリ〟ということだったのだと世間から受け取られたことは、住銀マンにとって残念この上ないことだっただろう。

危機感を募らせた中堅幹部によって緊急部長会が開かれ、磯田会長退任要望書が出されるに至る。平成二年（一九九〇年）十月七日、ようやく会長退任が発表されたが、取締役相談役という中途半端な退き方であった。

磯田降ろしの中心となった西川善文(にしかわよしふみ)は後に頭取になるが、彼は磯田の遺産である総本部制の見直しを行っている。機動性が高くなった分、ガバナンスが効かなくなる恐れがあるということを、イトマン事件がいみじくも立証したためだった。歴史の皮肉と言うほかはない。

平成五年（一九九三年）十二月三日、磯田一郎は永眠する。享年八十。最晩年は精神を病み、凄絶な最期だったと言われている。ちょうどその二年半前に堀田庄三名誉会長が亡くなった際は銀行葬で送られたが、磯田のそれは、西宮の斎場に関係者だけが集まっての密葬であった。

学生時代を過ごした京都大学。そこから南にのびる哲学の道の終点近くに落ち着いたたたずまいの名刹（めいさつ）法然院がある。今、磯田は杉木立に囲まれたこの墓地で安らかな眠りについている。

ナポレオン

松沢 卓二

富士銀行

（写真提供＝『週刊金融財政事情』）

卓抜した先見性と正論を貫く姿勢で
金融界を牽引した名銀行家（バンカー）

銀行が最も輝いていた時代、興銀には中山素平が、住友には磯田一郎が、そして富士には松沢卓二がいた。中山と磯田は人情家という点で共通していたが、松沢はドライな理論家だ。日本人はこういうタイプを好まない。しかし彼の業績を見た時、日本社会になくてはならない存在だったことがわかる。情に流され利己に走れば目が曇る。彼は、金融機関はどうあるべきかを考え続け、同時代を生きたどの銀行家よりも先を見つめていた。

まつざわ・たくじ

大正２年（1913年）東京生まれ。昭和13年（1938年）東京帝国大学卒業後、安田銀行に入行。昭和38年（1963年）富士銀行（安田銀行から改称）常務に就任。都市銀行懇話会幹事を務める。昭和50年（1975年）頭取、昭和56年（1981年）会長に就任。全国銀行協会連合会会長、経団連・日経連副会長等を務め、“金融界のナポレオン”という異名を持ち、論客として活躍。平成９年（1997年）没。

財界きっての理論家

〈昭和十三年四月一日、安田銀行入行式当日のことだ。二十六人の新入行員全員が重役と役員食堂で昼食を取った後、人事課の人が「創業者の安田善次郎の墓参りに護国寺に行きます」という。配属先の支店に出向く夕方まで自由時間だと思い込んでいたので、「人と会う約束をしています。行かなくてもよろしいでしょうか」とさりげなく聞くと、「約束があるなら仕方ない」と墓参りは免除になった。

私のことを聞いて何人かの新人行員が墓参りに行かなかったらしい。それまでは毎年全員が行っていたと言い、「君がいかないと言いだしたからこんなことになった」としかられる羽目になった。入行初日の偶発的な出来事のせいで、その後五十年以上も護国寺にお参りする機会がなかったのである〉

松沢卓二は『私の履歴書』の中で、こんな思い出話を書いている。

みなさんご存知のとおり、『私の履歴書』はこれに載ること自体がステータスシンボルであり、書きたいという自薦他薦が引きも切らない日本経済新聞の名物コーナーである。

三十回連載と決まっているから、話を厳選しないと紙数が足らなくなり、後半をはしょらないといけなくなる。頭脳明晰を謳（うた）われた松沢のことだ、全体の構成を考えた上で書き始めているはずで、わざわざこのような話を持ち出したのは彼なりの意図があってのことだろう。

創業者の存在は、企業にとってせっかくの貴重な簿外資産であるはずだ。その存在をことさらに否定するとは、何ともったいないことをするものだと筆者などは思ってしまうが、財閥色を持たない芙蓉（ふよう）グループ（富士銀行と親しい企業群）創設に貢献した松沢卓二にとって、それはむしろ誇りだったのだろう。

このエピソードでもわかるように、彼の合理主義は徹底しており、言葉を変えれば〝ドライ〟である。初対面の人からは、なんて嫌なヤツだと思われてしまうこともあるが、江戸っ子らしくスカッとして明るく、ざっくばらんな性格だった。

松沢と住友銀行の磯田一郎は同じ年の生まれである。取締役になったのも一年しか違わない（磯田が一年早い）。そのため、よくライバルとして比較された。

人情味あふれる磯田とは対照的な性格だが、それは彼の欠点ではなく長所だった。中山素平や磯田は、企業の合併、救済を通じて財界に発言力を持ったが、それは自分の銀行の融資が不良債権にならないよう防止することの延長線上にある。一方の松沢は、自分の銀行の利害や情とは別に〝こうあるべきだ〟という理想を追求し、それを現実的な政策論として提案し続けた。

世間はしばしば、磯田を〝リアリスト〟、松沢を〝セオリスト〟と呼んだが、松沢は理論だけの人ではなく、実行力を伴う剛腕のバンカーだった。彼の意見は正論だからこそ周囲から一目置かれ、金利自由化などは、彼がいなかったら相当遅れていたに違いない。

風貌が似ていたことから〝ナポレオン〟というあだ名がついた。終戦直後に付き合いの始まった新聞記者が命名者だそうだ。

本章では、銀行のあるべき姿を追い求めた稀代（きだい）の論客〝ナポレオン〟こと松沢卓二の人生を追ってみたい。それは自然と戦後のわが国の金融史になっていく。そこがまさに、松沢の松沢たるゆえんであろう。

裕福な家庭に育つ

松沢卓二は大正二年（一九一三年）七月十七日、日本橋蠣殻（かきがら）町に生まれた。父親は弁護士で、居住用の日本家屋のほかに事務所として使っていた洋風二階建ての建物があり、近所では〝西洋館〟と呼ばれていた。

大正十二年（一九二三年）正月、渋谷の松濤（しょうとう）に引っ越し、終生この超高級住宅街に住むこととなる。引っ越してきた頃は忠犬ハチ公が生きていた時代で、松沢もよく目にしたが、当時はただの野良犬だと思っていたそうだ。

東京帝国大学法学部法律学科に入学。昭和十三年（一九三八年）三月の大学卒業を控え、軍人にも、官界や法曹界にも興味のなかった彼は、安田保善社（安田財閥の持株会社）と某商社に願書を送った。

安田保善社の入社試験は九月の終わり。東大からは五、六〇人が応募した。筆記試験はなく面接だけ。後の富士銀行本店と同じ場所にあったビルの講堂で待機し、一人ずつ呼ばれて面接室に入った。

松沢は願書の第一志望欄に銀行と書いただけであとは空欄にし、面接でも「銀行以外に興味はありません」「ほかに就職する気はありません」と淡々と答えた。何とも生意気な学生だが見所があったのだろう、その日の夕方には合格の電報が来ていたので、翌日に控えていた商社の試験は受けずに安田銀行入行を決めた。

最初の配属は東京の馬喰町（ばくろちょう）支店である。店頭が込み合ってくると横着な松沢は、先輩から渡された札束を数え直しもしないで客に渡したりしたが、すぐ上司に見つかって怒られた。

（午後三時に店が閉まるのだから、自分自身の時間がたっぷりとれそうだ）

というのが銀行を志望した主な動機だったのだが、そんな甘いことなどあるはずもない。入行早々夜遅くまで働かされて閉口した。

だが職場の雰囲気は決して彼を失望させなかった。松沢が入行した時には、安田銀行の経営刷新を行った結城豊太郎が副頭取を辞してすでに九年が経っていたが、彼の採用した優秀な新入行員が中堅に育っており、他の財閥系とは違う自由闊達（かったつ）な行風が醸成されていたからだ。

昭和十四年（一九三九年）二月、馬喰町支店で約八ヵ月間勤めたところで召集令状（いわゆる赤紙）が来て満州へと送られた。所属は関東軍戦車第四連隊だが、すぐに幹部候補生学校へと入学する。

これは彼にとって幸運だった。同年五月、ノモンハン事件（日ソ間の国境紛争）が勃発したからだ。満州とモンゴルの国境地帯で激しい戦闘が繰り広げられ、初年兵と教育係の将校、下士官を残して全員出撃。一年前に召集された幹部候補生は、そのほとんどが戦死した。彼は初年兵だったおかげで命拾いをしたのだ。

卒業して少尉任官後、第一師団戦車連隊に配属となったが実戦はなく、そのまま昭和十七年（一九四二年）十一月に除隊となる。

帰国してからしばらくは応召前にいた馬喰町支店に勤め、三ヵ月後の昭和十八年（一九四三年）二月に本店営業部貸付課へと配属された。

同年十一月、企画院と商工省が統合されて軍需省が設立されると、金融に対する戦時統制は大変厳しいものとなっていった。軍需会社の指定を受けた企業は、昭和二十年（一九四五年）三月の時点で六七八社に及び、これらの会社では企業経営者に生産責任を負わせる代わり、利潤追求を基本的に放棄させることが決められた。社長の選任・解任についても政府が許認可権を持っている。

その一方で資金調達の心配からは解放された。〝軍需金融等特別措置法〟という法律によって、あらゆる軍需会社に対して大蔵省が指定金融機関を定め、指定金融機関になればその資金需要にほぼ無条件で融資をしなくてはならなくなったからだ。

これは株式などの直接金融による資金調達から間接金融による資金調達への大転換であ

り、戦後のメインバンク制につながる制度改革だった。そしてこの間接金融中心の資金調達形態が戦後になってもずっと続いたことは、〝資金の安定供給〟という点に関してだけは、企業が軍需省の壮大な社会実験を肯定的に受け止めたということであろう。

松沢の配属された本店営業部貸付課は、まさにこの軍需金融等特別措置法に基づいて融資支援を行う部門であった。担当した案件の中には、旧日本陸軍の秘密兵器として知られる通称〝風船爆弾〟の製造に関連する融資も含まれていたという。

富士銀行誕生

戦後、安田保善社はGHQから財閥解体令が出る前に自主的に解散を決め、安田銀行は安田家による同族経営ではなくなったが、それでも財閥解体と公職追放は大混乱を引き起こした。

終戦時の武井大助頭取は在任六ヵ月で辞任となり、次の安念精一（あんねんせいいち）頭取も公職追放により昭和二十一年（一九四六年）に辞任。その後任として安田保善社傘下の十七銀行（後の福岡銀行）で頭取をしていた井尻芳郎が迎えられたが、この井尻頭取も公職追放に遭い、昭和二十三年（一九四八年）六月、営業部長だった迫静二が一足跳びに頭取となった。

迫頭取を金子鋭や岩佐凱実（ともに後に頭取となる）といった結城門下生たちが支え、新進気鋭の若い世代の台頭を促していく。

松沢は昭和二十一年（一九四六年）一月末に本店営業部から業務部業務課へと配属替えになり、最も若い課長代理であったがGHQ担当という重責を担うこととなった。そして二週間後の二月十七日午前零時、預金封鎖と新円への切り替えという驚天動地の命令がGHQから下される。

一〇円券以上の日銀券は、三月二日限りで効力を失うことになったのだ。一人当たり一〇〇円だけは新円への切り替えを認められたが、残りは預金するしかなく、しかも自由に下ろせない。金融界は大混乱だ。

こうしたGHQの命令に振り回される毎日だったが、そのうちの一つに行名変更があった。昭和二十二年（一九四七年）六月、彼らは財閥色のある行名は好ましくないと言ってきたのだ。

至急、行名の変更を検討することとなり、〝国民〟、〝富士〟、〝共立〟、〝日本商業〟などが候補となった。松沢は〝国民銀行〟案には反対し、〝富士〟を主張していたが、GHQも国民銀行だと庶民金庫（後の国民金融公庫）と英文名称が同じになると難色を示し、結局、都内の支店を対象にアンケート調査を行って決めようということになった。その結果、圧倒的多数が〝富士銀行〟を支持したのである。

こうして昭和二十三年（一九四八年）十月一日、安田銀行は富士銀行と名称を改めた。この時、住友銀行なども行名変更させられたが、占領状態が解けると元の行名に戻している。だが富士銀行は、再び安田銀行に名称を戻すことはなかった。

当時の富士銀行は日本で最大の資本金を持つ銀行であり、第二位が大阪銀行（住友）、以下、千代田銀行（三菱）、第一銀行、三和銀行、帝国銀行（三井）の順となっていた。

だが、その後何回かの増資を経て、上位行の資本金は同額となり、横並びの時代が長く続く。それこそは大蔵省が行政指導によって銀行経営を安定させようとする、いわゆる〝護送船団〟方式の幕開けであった。

経済主流取引と芙蓉グループの形成

富士銀行は豊富な資金量を有していたにもかかわらず、必ずしも優良な融資先企業を抱えていないというアキレス腱を持っていた。

財閥解体後、占領が解けると三菱・住友グループは再結集し、グループ力を背景に三菱銀行、住友銀行は資金量首位の富士銀行を追撃し始める。三菱・住友グループは重化学工業に数多くの優良企業を抱えていたが旧安田財閥にはそれが少なく、戦後復興とともに急成長が見込める事業部門への融資では劣勢に立っていた。

そこで松沢は業務部課長代理時代、〝経済主流取引〟のプランを立案し、「富士銀行に松沢あり」とその名を知られるようになる。

それは、その時々の経済状勢において、日本経済の主流になると思われる企業との取引を拡大していこうという戦略である。従来の取引関係にしばられないという意味では、合理主義者である松沢らしい発想だ。

戦後の高度成長期にこの戦略をとったことは功を奏し、選別した対象企業は潤沢な資金供給によって急成長を遂げ、後に芙蓉グループと呼ばれることになる富士銀行親密企業群の中核メンバーとなっていくのである。

この後、松沢は人事課長に就任する。当時、銀行の給料は高すぎると批判されていたこともあったが、ボーナスを何ヵ月分にするかまで大蔵省に事前に連絡しなければならなかった。まるでGHQがいなくなった後に大蔵省が座ったような形である。

だが都銀自体も横並び意識が強く、各行の人事課長が集まって給与水準を統一し、この会合に大蔵省銀行課長がオブザーバーとして出席するというようなこともやっていた。

ここで松沢は、

「銀行によって業績が違うのだから、ばらばらで良いのではないですか」

と正論を唱えた。

当時の谷村裕（たにむらひろし）銀行課長（後の事務次官）も了承し、これを機に都銀間で給与格差が発生するようになった。松沢は『私の履歴書』の中で、

〈護送船団行政と一番激しく闘った銀行経営者の一人と自負している〉と述べているが、給与問題はほんの一例にすぎなかった。

昭和二十九年（一九五四年）十二月、人事課長から重化学工業を主に担当する本店営業部貸付第三課の課長となり、まさに〝経済主流取引〟を推進する役目に就いた。ここで彼は、その後の富士銀行の取引基盤となる企業経営者と交流することになる。

代表的な顔ぶれを挙げるならば、日本鋼管の赤坂武、昭和電工の安西正夫、日清紡績の櫻田武、日本精工の今里廣記（いまざとひろき）、呉羽化学の荒木三郎、キヤノンの御手洗毅（みたらいたけし）などで、いずれも

錚々たる骨太の経営者だ。彼らは同時に、松沢の応援団にもなってくれた。

〈昭和三十一年に本店営業部次長に昇格してからの一年半も含め、通算三年半の在任期間中に経験したことは頭取として銀行を経営する時、非常に役立った〉

（松沢卓二『私の履歴書』）

と語っているが、中でも影響を受けたのが櫻田だった。彼は日頃、

「自己責任が大原則。役所は公正な競争を誘導するだけでいい。戦後なのにいまだに役所の統制癖が改まっていない」

と通産省主導の不況カルテルなどには加わらず、いつも役所と距離を置いていたのだ。まさにわが意を得たりであった。

本店営業部在籍が三年半に及んだ頃、海外出張を命じられた。半年かけて一人で世界を巡り、銀行業務のコンピューター化を調査せよというのだ。当時としては先駆的な試みだった。ヨーロッパ三ヵ月、アメリカ三ヵ月という日程で昭和三十三年（一九五八年）十月一日、羽田空港からプロペラ機で旅立った。

当時、機械化で最も進んでいた銀行はシティバンクとバンク・オブ・アメリカの二行。特に後者はスタンフォード大学と共同研究を進めている最中で、欧州よりはるかに先を行って

いた。

ただヨーロッパの銀行は、銀行、信託、証券などを総合的に扱うユニバーサル・バンキング・システムを採用しており、顧客にとって大変便利であると感じた。ちなみに彼は、大和銀行が信託との兼営に固執したことを高く評価している。

全銀協一般委員長としての活躍

帰国後の昭和三十四年（一九五九年）、初代総務部長に就任。昭和三十六年（一九六一年）には取締役、さらに昭和三十八年（一九六三年）二月には常務にと、とんとん拍子に出世階段を上っていく。この頃にはもう周囲の誰もが、彼が将来頭取の椅子に座ることを確信していた。もちろん彼自身も。

そして昭和四十年（一九六五年）四月に岩佐凱実頭取が全国銀行協会（全銀協）会長に就任すると、松沢はその補佐役として全銀協の一般委員長に就任した。実務は彼がすべて引き受けねばならない。当然、問題の多い年もあれば平穏無事な年もあるのだが、この年は特に大きな問題が立ちはだかっていた。

戦後二〇年間、政府は国債を発行せずに均衡財政を続けてきたが、昭和四十年不況によって歳入欠陥（予想よりも歳入が下回った）が生じ、赤字国債を発行せざるをえない事態となった。金額は二〇〇〇億円。最初は日銀引受けにするという計画だったが、インフレを助長する懸念もあり、全銀協のみならずほかの経済団体も猛反対。結局、公募方式で発行することになった。

松沢はこれを成功させるべく東奔西走（とうほんせいそう）することになる。事前に決めねばならないことがいくつもあり、各社各様の利害がからみ合っているから、解決には体力を要した。しかも翌年（昭和四十一年）には発行せねばならないからタイムリミットがある。

まずは国債を国から直接買い受ける（引き受ける）金融機関（シンジケート団、略称・シ団）の特定だ。すでに法律上、引受行為が可能となっていた銀行と証券に限定しようとしたが、生命保険会社や農林中央金庫、信用金庫などが参加を申し入れてくる。

「生保などの機関投資家は、自分自身がシ団メンバーになるのではなくて、シ団から買うのが筋でしょう」

と主張したが、大蔵省の意向もあって、結局、全社の参加を容認することになった。

次にシ団の代表幹事をどこにするかである。興銀はこれまでの証券発行市場における実績もあって、自分たちがこの役割を担いたいと言ってきた。中山素平頭取はかなり強硬な姿勢を見せたが、松沢はこれをはねのける。

「国債引受けは金融界全体で行うものですから、その時の全銀協の会長銀行が就任するのが一番良いのではないですか。興銀という特定行に限定するのでは、みなの了解はとても得られませんよ」

結局、松沢の主張が通り、全銀協の会長行の頭取がシ団の代表幹事を務めることで決着した。泣く子も黙る財界の鞍馬天狗を、全銀協会長行の御旗を掲げていたとはいえ、実質的には松沢が黙らせたのだ。

まだ難問が残っている。引き受けた国債の販売を誰がやるかという点についてである。大蔵省は〝法律上は銀行も証券も可能〟という見解だったが、意外なことに全銀協内部では、

「銀行が国債の販売をやると、預金が減るだけだ」

と、国債販売に消極的な意見が大半だった。

一方の証券界は野村証券の北裏喜一郎（きたうらきいちろう）副社長（後の社長）が中心となって、

「販売は証券会社に任せてくれればいい！」

と胸を叩いている。

しかし松沢には、いずれ銀行も国債の販売をする時が来るという思いがあり、一人抵抗を示した。

「証券会社に既得権を与えることになるがそれで良いのか?」

一般委員会などの席で念を押したが、誰も彼に加勢しようとはしない。孤独な戦いだったが、北裏と喧々諤々(けんけんがくがく)の議論を交わした末、〈銀行は当分の間は募集をせず、証券だけが募集をする〉という〝当分の間〟という一言を入れた覚え書きを交わして落としどころとした。

果たせるかな、昭和五十年代以降の国債大量発行時代を迎えると、銀行は引受けはできるけれども銀行窓口で販売(窓販)はできないため、引き受ければ引き受けるだけ資金が固定されるという状況に陥った。

銀行は〝窓販解禁〟を求めるが、あとの祭りである。松沢が危惧したとおり、証券界はこれを既得権益として銀行の国債窓販に頑強に反対し続ける。結局この覚え書きの効力は、昭和五十八年(一九八三年)四月の長期国債の窓販解禁まで続くことになった。

話を戻そう。シ団の結成を終えると、最後に国債の発行条件が問題になった。表面利率と応募者利回りの決め方だ。戦時国債は国策上も金利が異常に低かったが、同じように扱われてはたまらない。

松沢は大蔵省の佐藤一郎事務次官や村上孝太郎官房長らに根回しをし、当時の市場実勢を反映した条件にすることで同意を得た。戦後初めての発行でもあり、投資家に好印象を与えて市場の成長を促すため、表面利率は高いが応募者利回りは市場実勢通りという条件で決定した。細かいところにも行き届いた交渉であった。

都銀懇話会

都市銀行は外為専門銀行の東銀を除いて一二行あったが、都銀のみに関する問題について議論する場がない。だが〝都銀協会〟のような組織を作れば全銀協は意味を持たなくなり、金融界の主張を政府や大蔵省にぶつけるだけの力を持てなくなる。

そこで松沢は、非公式な都銀結集の場として〝都銀懇話会〟（通称・都銀懇）の設立を各行に訴えた。

三菱銀行専務の黒川久（くろかわひさし）（後の三菱油化社長）、住友銀行専務の安藤太郎（後の住友不動産社長）は真っ先に賛成してくれた。当時、黒川と安藤と松沢は〝都銀の三羽烏〟として、その名を知られていたのだ。ほかからも異論はなく、昭和四十二年（一九六七年）十二月、東京銀行を除く一二行で発足し、メンバーは各行の常務、専務クラスで構成されることとなった。

この頃の最大の課題は規制緩和である。都銀懇を結成して最初にまとめたのが、昭和四十三年（一九六八年）十二月に発表した「金融制度に関する意見書」である。

松沢が幹事役でとりまとめを行ったが、銀行界からの意見書であるにもかかわらず、証券会社が主なプレーヤーである資本市場の整備を訴える内容となっていた。間接金融が肥大化した金融市場を是正し、資本市場にもっと資金が回るようにすることで日本経済全体の発展を促そうとする主張であった。

まさに正論である。業界の利益のみを追求する集まりではないことをアピールするに十分なものがあった。

都銀懇の結成で、都市銀行間のつながりはある程度強化されたが、まだ十分とは言えない。さらに必要なのは、都市銀行の頭取同士が話し合う場である。そこで後に松沢が頭取に就任して全銀協会長になった時、その組織作りに取りかかり、昭和五十五年（一九八〇年）、〝都銀頭取会〟を立ち上げた。代理出席は認めず、頭取だけの集まりとした。

ここで話を常務時代の松沢について戻し、全銀協一般委員長として以上にある意味苦労した事件について触れることにしたい。それは昭和四十五年（一九七〇年）、富士銀行を震撼させた一大不正融資事件であった。

雷門支店の副長が、清涼飲料販売会社トムソンの社長らに一九億円もの不正融資を行っていたことから、世に〝雷門事件〟と呼ばれている。当時の金融犯罪史上最大の事件であり、犯人たちが海外に逃亡し、ＩＣＰＯ（国際刑事警察機構）を通じての捜査という大がかりなものになったこともあって世間を騒がせた。

松沢は事実の究明と当局への釈明、新聞やテレビの取材対応で大わらわである。岩佐頭取も国会に召還されて説明を求められた。岩佐は頭取の椅子を副頭取の佐々木邦彦にバトンタッチするつもりであったが、この事件で延期せざるをえなくなってしまった。

頭取就任と金利自由化

昭和五十年（一九七五年）五月、松沢は佐々木頭取の後を継いで、ついに頭取の座に上りつめる。

雷門事件の苦い経験もあり、頭取に就任して最も力を入れたのは、業績向上と業務管理の両立を狙った銀行経営の理念、〝サウンド・バンキング・ポリシー〟の徹底だ。そのため検査部を強化した。

そして彼は新機軸を次々に打ち出していく。香港の広安ファイナンスやブラジルの南米リースへの出資、富士銀ファクターの設立、カードローンの取り扱い開始など新規業務への積極的な取り組みを行う一方で、銀行界で初めて中国室を設置するなど、今後急成長するであろう海外市場への目配りも忘れなかった。

また自動支払い機の設置、オンライン・システム構築、機械化店舗の開設といったＩＴ化への取り組みは業界をリードするものであり、彼の先進性は、業界初のディスクロージャー誌の発刊などにも現れている。

そして松沢は昭和五十三年（一九七八年）四月、全銀協会長に就任する。

彼はこの時、金利自由化の第一歩としての「譲渡性預金」（ＣＤ：Certificate of Deposit）の創設に挑戦した。ＣＤは銀行が発行する期間三ヵ月以上六ヵ月以内の定期預金証書で、預金者は証書を自由に譲渡（売買）することができる。

「金利は市場で決められるべきである。一握りの人間が、金利を自由に決めようとするからいろいろな問題が起こるのだ。市場の合理化が進まないのもそのためだ」

というのが彼の信念であったが、それまではあらゆる預金が規制金利とされ、日銀が公定歩合を操作しないと動かない仕組みだった。

昭和四十三年（一九六八年）に松沢が都銀懇幹事として大蔵省に提出した「金融制度に関する意見書」の中で、すでにCDの創設を提言している。この長年の抱負を実現に移そうと考えたのだ。

当初は、

「都銀だけに預金が集まるようになる」

「銀行がグループ企業にCDを押し付けるようになる」

などといった反対論が多く出た。

CDの創設を審議した金融制度調査会では、前川春雄日銀副総裁（後の総裁）だけが賛成してくれたものの、ほとんどの委員が反対であった。だが松沢は徳田博美大蔵省銀行局長を説得するなどいつもの剛腕で業界をまとめあげ、CD創設にこぎつける。これによって初めて銀行は自由に預金金利をつけられるようになったのである。

頭取時代、苦労したことの一つに東京都との関係があった。富士銀行は創業者・安田善次郎の貢献もあって〝公金の富士〟と呼ばれ、公金取り扱い高は一般の都銀の三倍近かった。

その象徴が最大の地方自治体である東京都の指定金融機関だったことだ。東京都、二三区、都下七市の公金を独占していた。

だが公金取り扱いが裏目に出る時もある。松沢が頭取だった時代がまさにそうであった。美濃部(みのべ)亮吉(りょうきち)都知事のばらまき行政で東京都は極端な財政難に陥り、膨大な都債を発行。富士銀行は指定金融機関として都債を引き受けざるをえず、巨額な資金が固定されてしまい、収益力は急低下した。松沢は持株の一部のみならず、ゴルフ会員券まで売って急場をしのいだ。

実は金利自由化で最も大きなダメージを受けた銀行は富士銀行だった。普通預金に眠っていた大口の公金が次々に高利の自由金利商品に取って代わられていき、そのうち複数の銀行の間で自由金利商品の入札が行われるようになり、指定金融機関であることのメリットは急速に失われていった。

そのことを松沢が知らなかったはずはない。だが彼は大所高所から、金利自由化によって市場原理を導入しなければ銀行経営は合理化されていかないと考え、正論を説き続けたのだ。

富士銀行一〇〇周年を花道に頭取退任

日本は海外に比べ金融機関の数が圧倒的に多い。それは護送船団方式により、松沢が説くような金融の合理化が進まなかった結果だった。

このことにいち早く気づいていたのは田中角栄である。彼は大蔵大臣だった昭和三十九年（一九六四年）一月、全銀協の新年午餐会において「銀行の合弁を歓迎する」と演説している。実際、昭和四十六年（一九七一年）には第一勧業銀行が誕生するなど、遅々たる歩みではあったが、銀行合併が見られるようになっていた。

第一銀行と日本勧業銀行の合併により第一勧銀が誕生したことで、富士銀行は資金量第一位の地位を同行に譲ることになる。松沢は、

「数年で抜き返して見せる」

と豪語したが、当時の横並び行政では、合併でしか規模の拡大は望めない。実際、その後二度と富士銀行は第一勧銀を抜き返せなかったのである。

彼はひそかに三和銀行との合併を画策していた。その秘話を、彼は後年『私の履歴書』の中で明かしている。店舗の重複が少なく、国際業務の面でも相補完し合う要素があり、財閥

系でもなく、行風が合いそうな上位行として候補に挙がったのが三和銀行だったのだ。三和銀行の頭取である赤司俊雄（あかしとしお）は常務時代からの友人である。

〈五十三年ごろだったと思う〉と松沢は述べているが、どちらからともなく合併話が具体化していった。問題は役所だ。松沢は両行の合併が独占禁止法に触れないか、公正取引委員会委員長の橋口収（はしぐちおさむ）を訪ねてひそかに確かめ、反対はされないという感触を得た。

そこで行内に常務以上のプロジェクトチームを立ち上げて合併準備を始めた。マスコミに漏れないよう徹底した情報管制を敷いての上だ。大蔵省にも一切言わなかった。

ところがしばらくして赤司から緊急に会いたいと連絡があり、

「誠に残念だが、当分棚上げにしたい」

と告げられた。合併は結婚のようなものだ。双方の意思が一つでないと絶対に成功しない。松沢はその場で交渉打ち切りを決断。

「この話はなかったことにしましょう」

ときっぱり答えた。

こうして富士銀行は合併を経験することなく、昭和五十五年（一九八〇年）に創業一〇〇周年を迎える。ちょうど松沢が頭取に就いて五年目のことである。

満州に送られながら戦闘を一度も経験しないまま除隊になったことといい、彼は成功者の多くに見られる強運ぶりを何度も発揮してきたが、記念すべき一〇〇周年という節目の年を頭取として迎えたことも、またその一つであろう。

〈何と運のよい頭取だろうと感ずるとともにその責任の重大さに身が引き締まった〉

（『私の履歴書』）

と自身述懐している。

そして創業一〇〇周年を、株主や預金者を含めた全取引先に対する感謝の年にしようと行員に呼びかけた。

その頃、銀行法を改正する動きがあり、昭和五十六年（一九八一年）三月に大蔵省原案が出たが、それは例によって統制色の強いものであった。これに反発した松沢は、何とか新銀行法に銀行の業務運営について自己責任原則と自主的な努力を尊重する旨の一項を挿入してほしいと政府に根回しを行う。

中でも安倍晋太郎自民党政調会長は松沢の意見に賛同を示し、第一条に「銀行の自主尊重」が規定されることとなり、松沢が頭取を退任する一ヵ月前の同年五月に成立を見た。

財界のご意見番

銀行法改正を頭取としての最後の仕事とし、同年六月、副頭取の荒木義朗に頭取の座を譲って会長となった。

すると待ってましたとばかりに財界からお呼びがかかった。まずは経済団体連合会（経団連）の稲山嘉寛会長から、財政金融委員長への就任依頼がきた。

次に瀬島龍三（第一次臨時行政改革推進審議会委員）が銀行を訪ねて来て、

「国鉄は分割、民営化する以外に生きる道はない。あなたは最後の委員長として国鉄の葬式に力を貸してほしい」

と口説いてきた。そして昭和五十八年（一九八三年）十月一日、国鉄監査委員会委員長に就任する。

世論は分割・民営化を支持していたが、国鉄内部でこれを口にする者はいない。ところが松沢は、

「世の流れは分割、民営化だ。国鉄の中での価値観は外の世間では通用しない」

と遠慮なく発言し、自宅に嫌がらせの電話がかかってきたりした。身辺警護の私服警官

（ＳＰ）が付き、自宅にポリスボックスを設置しようという話もあったほどだが、その後も松沢は節を曲げず、ＪＲ各社発足に大きな貢献を果たした。

日本経済団体連合会（日経連）では大槻文平の後の会長に内定していた鈴木永二が就任直前にこれまた銀行に頼みにやって来て、昭和六十二年（一九八七年）、金融界出身者で初めて副会長を引き受けることになった。

昭和六十一年（一九八六年）に稲山の後を継いで経団連会長となった斎藤英四郎とも松沢は深い信頼関係で結ばれていた。竹下登首相が消費税導入を行う際、斎藤とともに財界のまとめ役を引き受け、積極的に賛成に回っている。

また斎藤の次の会長である平岩外四の時代には経団連評議員会議長に就任して、自他ともに財界のご意見番と認められる存在となる。

平成六年（一九九四年）九月一日から一ヵ月間、ずっと断り続けてきた『私の履歴書』を日本経済新聞紙上に執筆し、その充実した人生の総括をした彼は、平成九年（一九九七年）九月八日、この世を去る。享年八十四。青山葬儀所で盛大な葬儀が営まれた。

ちなみに彼には、

「下草を刈った！」

という批判がある。自分の周囲にイエスマンを置き、優秀な人材を早くに外に出したというのだ。だがそうした批判がある一方で、彼の功績は隠れもない。〝名銀行家（バンカー）〟と呼ぶにふさわしい人物だと言えるだろう。

筆者はイタリアに留学していた際、ある国際会議でこの地に寄られた松沢卓二ご夫妻をフィレンツェにご案内し、夕食をともにする機会に恵まれた。喜寿近い御年であったがエネルギッシュで、並々ならぬオーラを感じたものの、ドライだと感じることはまったくなかった。

むしろ若い筆者のために、

「僕らは歳（とし）だから単品で頼むけど、君はコースを頼みなさい」

と優しい言葉をかけてくださった。遠慮のない小生がお言葉に甘えたのは言うまでもない。今となっては懐かしい思い出である。

おわりに

銀行の元頭取が自らを〝ラストバンカー〟と呼んだり、役員をしていた人間が〝○○銀行秘史〟という本を出版する。そういう時代になってしまった。

反面教師として役立ててほしいと謙虚にメッセージを伝える意図ならまだしも、自己弁護や業績を誇示するような内容の本を出すのはいかがなものか。

そもそも銀行員はすべからく、職務上知り得た情報を退職後も公にしないという誓約書を書いている。上に立つ者が自ら律することなくして、先輩諸氏から連綿と受け継いできた信用を、果たして次の世代につなげていくことができるだろうか。

そんな思いに駆られながら、以前、中公ラクレから出版した本書を再び世に問うことにした。

銀行経営者はもちろん銀行に勤める者すべてに、〝銀行家〟と敬意を持って呼ばれた時代の誇りを取り戻してもらいたい。そして同時に、先人に対する感謝の気持ちを抱いてほしい。誇りと感謝と報恩の気持ちこそ、銀行企業存続（サステイナビリティ）の鍵である。

銀行の生命は言うまでもなく信用だ。それは一朝一夕にできるものではない。長い歴史が培（つちか）った先輩諸氏の精進の賜物（たまもの）である。

信用を守り続けるためには、ガバナンスを効かせることが重要だ。

確かに社外役員や社外監査役を置くこともガバナンス強化に役立つだろうが、何にも増して愛社精神こそ最強のコーポレートガバナンスだと、私は信じて疑わない。

自分の働く職場への愛着がモラルにつながり、先人に対する敬意が謙虚さとなり、何よりも強固なガバナンス効果を発揮する。では銀行への愛着はどこからわくのだろう。それは歴史を知り、先人の苦労を知ることではないだろうか。そう考えて本書をしたためた。

企業に限らず、地域活性化や国家の繁栄でも同じことが言える。この国の最大の無体財産はまさに歴史なのだ。企業や国家のバランスシートには記載されない、この見えない〝簿外資産〟を、ぜひこれからも大切にしていきたいものである。

紙幅には限りがある。本書を書き終えての感想は、

（まだまだ素晴らしい人がいる……）

という、後ろ髪引かれる思いであった。
結城豊太郎（ゆうきとよたろう）のように、一章を設けず本文中に名前だけ登場した人物のみならず、触れることさえなかった中にも、まだまだ優れた銀行経営者がいる。米山梅吉（三井信託社長、日本のロータリークラブ創始者）や、川喜多半泥子（かわきたはんでいし）（百五銀行頭取、陶芸家）、竹村吉右衛門（たけむらきちえもん）（安田銀行取締役、安田生命社長、仏教振興財団理事長）のように、金融界以外で社会に大きな貢献を果たした人物も数多い。

そして最後に、何より声を大にして言いたいことは、名も知られない多くの人々の貢献があったからこそ〝銀行〟は信用を支えてこられたのだということだ。

一例を引こう。飲食店でもコンビニでも、およそお金を支払う場所には硬貨や紙幣を載せる小さなお盆の形をした〝カルトン〟（フランス語のCarton）と呼ばれるものが置いてある。

私が働いていた富士銀行では、底に小さな穴がたくさんあいていた。

それはカルトンを何枚重ねて置いた場合でも、間に硬貨や紙幣や伝票などが挟まっていると、上から見てすぐに気がつくという工夫から考案されたものだ。

銀行の本部が考えついたアイデアではあるまい。現場の、おそらく窓口係の誰かが、改善提案か何かで報告したものが採用されたのだろう。銀行の歴史は、実際にはそうした名もない人々が紡いでいくのだ。

高校時代に読んだプレハーノフの『歴史における個人の役割』は、次のような印象的な文章で締めくくられていた。

〈広い活動分野は、「創始者」だけにひらかれているのでもなければ、偉大な人びとだけにひらかれているのでもない。それは見る目をもち、聞く耳をもち、自分の隣人を愛する心をもつすべての人びとにひらかれている。偉大という観念は相対的な観念である。道徳的な意味では聖書のことばをつかえば、「自分の生命を友のためになげうつ」人はだれでも偉大である〉

（『歴史における個人の役割』〈木原正雄訳　岩波文庫〉）

この伝を借りれば、偉大な銀行員とは頭取や役員に限らない。役職者とも限らない。その銀行の信用を守るために懸命に働いた者は、みな偉大なのである。

平成二十九年五月二日

北　康利

参考文献

『渋沢栄一　雨夜譚　渋沢栄一自叙伝（抄）』渋沢栄一著、日本図書センター
『太平洋にかける橋　渋沢栄一の生涯』渋沢雅英著、読売新聞社
『渋沢栄一―社会企業家の先駆者』島田昌和著、岩波新書
『渋沢栄一の企業者活動の研究―戦前期企業システムの創出と出資者経営者の役割』島田昌和著、日本経済評論社
『意志の力』安田善次郎著、実業之日本社
『安田保善社とその関係事業史』「安田保善社とその関係事業史」編修委員会
『松翁安田善次郎』安田学園松翁研究会編、安田学園
『三井銀行五十年史』三井銀行
『三井銀行八十年史』三井銀行
『企業革命家・中上川彦次郎　近代三井をつくった男』松尾博志著、ＰＨＰ研究所
『中上川彦次郎の華麗な生涯』砂川幸雄著、草思社

『池田成彬伝』今村武雄著、慶應通信
『財界回顧』池田成彬著、図書出版社
『追悼　小林中』小林中追悼録編集委員会（非売品）
『寡黙の巨星　小林中の財界史』阪口昭著、日本経済新聞社
『日本開発銀行10年史』日本開発銀行
『中山素平　日本の羅針盤』羽間乙彦著、月刊ペン社
『運を天に任すなんて　人間・中山素平』城山三郎著、新潮文庫
『小説　日本興業銀行』前・後編　高杉良著、角川書店
『住友銀行・磯田一郎の魅力』勝田健著、あっぷる出版社
『磯田一郎の〝向こう傷〟を恐れるな！』上之郷利昭著、三笠書房
『ザ・ラストバンカー　西川善文回顧録』西川善文著、講談社
『私の銀行昭和史』松沢卓二著、東洋経済新報社
『私の履歴書』第31巻　日本経済新聞社編、日本経済新聞出版社
『富士銀行の百年』富士銀行調査部百年史編さん室編
『歴代日本銀行総裁論　日本金融政策史の研究』吉野俊彦著、毎日新聞社
『ケース・スタディー日本の企業家史』宇田川勝編、文眞堂
『ケース・スタディー　戦後日本の企業家活動』宇田川勝編、文眞堂

『ケースブック　日本の企業家活動』宇田川勝編、有斐閣
『銀行ノ生命ハ信用ニ在リ　結城豊太郎の生涯』秋田博著、ＮＨＫ出版

■著者略歴■

北　康利（きた　やすとし）

1984年富士銀行入行。富士証券投資戦略部長、みずほ証券財務開発部長等を歴任。

2008年みずほ証券を退職し、本格的に作家活動に専念。

松下政経塾講師。〝100年経営の会〟顧問。

著書に『白洲次郎　占領を背負った男』（第14回山本七平賞受賞）、『福沢諭吉　国を支えて国を頼らず』『吉田茂　ポピュリズムに背を向けて』（以上講談社）、『陰徳を積む　銀行王・安田善次郎伝』（新潮社）、『西郷隆盛　命もいらず、名もいらず』（WAC）、『松下幸之助　経営の神様とよばれた男』（PHP研究所）、『佐治敬三と開高健　最強のふたり』（講談社）など多数。

＊本書は『名銀行家列伝　日本経済を支えた〝公器〟の系譜』（中公新書ラクレ）をリニューアル再刊したものです。

新装版　名銀行家列伝（バンカー）
——社会を支えた〝公器〟の系譜

平成29年5月2日　第1刷発行

著　者　北　　康　利
発行者　小　田　　徹
印刷所　三松堂印刷株式会社

〒160-8520　東京都新宿区南元町19
発　行　所　一般社団法人 金融財政事情研究会
企画・制作・販売　株式会社 き ん ざ い
出版部　TEL 03(3355)2251　FAX 03(3357)7416
販売受付　TEL 03(3358)2891　FAX 03(3358)0037
URL http://www.kinzai.jp/

ISBN978-4-322-13081-2